大夏书系·教师专业发展

好教师成长之新境

# 觉者为师

任勇 著

华东师范大学出版社

全国百佳图书出版单位

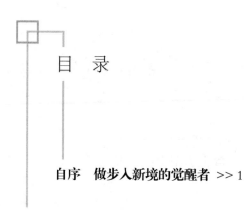

# 目　录

**自序　做步入新境的觉醒者** >> 1

觉醒者一：
## 教书之新境

*01 /* 从生答到生问 >> 3

*02 /* 从学会到会学 >> 6

*03 /* 从"双基"到"三维" >> 9

*04 /* 从"三维"到素养 >> 12

*05 /* 从好玩到玩好 >> 15

*06 /* 从教会到教慧 >> 18

*07 /* 从智力到非智 >> 21

*08 /* 从题海到题根 >> 27

*09 /* 从无疑到生疑 >> 31

*10 /* 从师考到生考 >> 34

*11 /* 从小气到大气 >> 37

*12 /* 从学科到跨科 >> 41

*13 /* 从随意到诗意 >> 44

*14 /* 从本本到超本 >> 47

*15 /* 从精术到明道 >> 50

觉醒者二：
**育人之新境**

*01 /* 从一致到差异 >> 55

*02 /* 从共性到个性 >> 58

*03 /* 从育形到育心 >> 61

*04 /* 从有形到无形 >> 64

*05 /* 从理性到情感 >> 67

*06 /* 从封闭到开放 >> 70

*07 /* 从师导到自主 >> 73

*08 /* 从人治到文治 >> 76

*09 /* 从发话到对话 >> 79

*10 /* 从专管到共育 >> 82

*11 /* 从师长到师友 >> 85

*12 /* 从讲台到平台 >> 88

*13 /* 从智商到情商 >> 91

*14 /* 从情商到动商 >> 94

*15 /* 从动商到德商 >> 97

觉醒者三：
## 学习之新境

*01 /* 向师学习与向生学习  >> 103

*02 /* 书刊学习与实践学习  >> 108

*03 /* 进修学习与终身学习  >> 111

*04 /* 追踪学习与思辨学习  >> 114

*05 /* 合作学习与孤独学习  >> 117

*06 /* 课题学习与学术学习  >> 120

*07 /* 网上学习与参观学习  >> 124

*08 /* 探究学习与拓展学习  >> 127

*09 /* 虚心学习与传播学习  >> 130

*10 /* 专业学习与跨界学习  >> 133

*11 /* 时时学习与处处学习  >> 136

*12 /* 自主学习与被逼学习  >> 139

*13 /* 精一学习与随意学习  >> 142

*14 /* 纵向学习与横向学习  >> 145

*15 /* 正规学习与偶然学习  >> 148

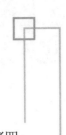

觉醒者四：
**育己之新境**

01 / 从升华德能到升华智魂　>> 153

02 / 从学识魅力到人格魅力　>> 156

03 / 从自然发展到自主发展　>> 159

04 / 从潜心学习到探索思考　>> 162

05 / 从探索思考到深入研究　>> 165

06 / 从深入研究到教育践行　>> 168

07 / 从教育践行到著书立说　>> 171

08 / 从阶段发展到持续发展　>> 174

09 / 从参与课改到深化课改　>> 177

10 / 从实践探索到理论升华　>> 180

11 / 从混沌状态到教有主张　>> 183

12 / 从素质全面到特色凸显　>> 186

13 / 从追求卓越到享受幸福　>> 189

14 / 从积极工作到健康工作　>> 192

15 / 从做好当下到谋好未来　>> 195

# 自序 / 做步入新境的觉醒者

有好的教师，才有好的教育。谁赢得教师，谁就赢得未来。优秀教师，诲人不倦，教导有方，名师群起，托起了教育的璀璨星空。"杰出人物是那些知道自己想要什么的人。"优秀教师还要做什么？我以为，还要步入新境。

就教学而言，教师把学生"教会"了，是一种境界，但如果把学生"教慧"了，我们的教学就步入了一个新的境界。教学，从生答到生问、从学会到会学、从无疑到生疑、从小气到大气、从随意到诗意……我们可以做得更好。

就育人而言，我们可以做"有形"的德育（如学生志愿者活动），如果我们还能做好"无形"的德育（如文明出行），"此时无形胜有形"，在"无形"中育德，岂不更好！育人，从一致到差异、从共性到个性、从育形到育心、从封闭到开放、从发话到对话……我们也可以做得更好！

就学习而言，我们可以向同事学习，同事中可能有新教师、骨干教师、名师等，"取人之长，补己之短"，但如果我们还能向学生学习，"弟子不必不如师"，我们一定会有新的感受、新的发现。学习，既读书学习又实践学习、既进修学习又终身学习、既合作学习又孤独学习、既探究学习又拓展学习、既时时学习又处处学习……我们应该有更好的学习！

就育己而言，我们守住师德底线、练就娴熟技能，"德能并重"，如果我们还能修炼教育智慧、涵养师者之魂，"升华智魂"，我们就步入"人师"之境了。教师，别忘了"育己"。育己，从学识魅力到人格魅力、从自然发展到自主发展、从阶段发展到持续发展、从混沌状态到教有主张、从追求卓越到享受幸福……我们仍然可以更好地培育自己！

"一个教师真正的成长就在于他内心深处的觉醒。"是啊，"觉醒者"，往往把自主发展看成是一种需要、一种追求、一种境界；"觉醒者"，会自然而然地萌生积极向上的心态；"觉醒者"，会在自我心境中感受到所追求的人生价值。

"觉"者，是对自我人生、教育和文化的自觉也。"觉者为师"，内心觉醒，我们就行健致远。

任 勇

2019 年 5 月 1 日

# 觉醒者一：教书之新境

# >>> *01* >> 从生答到生问

我们的学生不善"问",是不争的事实。

美国学者布鲁巴克曾说过:"最精湛的教学艺术,遵循的最高准则就是让学生能够自己提问题。"提出问题是思维的动力,是创造的基石,也是解决问题的重要途径。

"学问"二字蕴含了深刻的学习之道。李政道教授曾对中学生传授做学问的秘诀:"求学问,先学问;只学答,非学问。"

学习就是掌握"学问"的一个途径,有"学"就必须有"问"。"疑"是"问"的前提,"问"是"疑"的必然。"千学万学在一问",有"疑"就有"问",有"问"才有"学"。

古人把知识称为"学问",也就是强调了"问"的必要性与重要性。孔子主张"多问",身体力行地"每事问""不耻下问""以求解其惑而言,谓之问""善问善答,则学日进矣"。

杨振宁教授也指出:"中国学生成绩很突出,但最大的缺憾就是不会提问,缺乏创新能力。"柳斌先生的一句"当前教育最缺'问'",一针见血地指出了基础教育的软肋。

爱因斯坦认为,"提出一个问题比解决一个问题更重要",所以教师在教学中应注意培养学生"问"的能力。教师要激起学生爱问的热情,善待每个学生的提问,使不同水平的学生都得到锻炼。

我"问"故我在。

学"问"之道何在?教师理当引导。

其一，树立"问"的意识。学习不仅是"记"住知识、"答"对问题，"做"完作业，还要在"问"中明晰问题、发现问题，激发学习者解决问题的热情。一位优秀生这样说："好问，对于治学是非常重要的。学习中，对自己的疑问、不会不懂的知识，一定要敢于问、及时问、认真问，发现了问题，通过别人的帮助解决问题，这就是学习上的进步，就是一种有效的提高。既不要自恃才高不屑于问，也不要怕丢人而不好意思问。"

其二，结合听课"问"。引导学生养成预习的好习惯，把预习中没搞懂的问题记下来，听课时对这部分内容特别注意，尽量掌握。要带着一颗"疑心"去听课，"听"而不思则罔。听课中产生的新问题，就要在下课时抓紧问老师，争取在"第一时间"弄清楚。听课常常有，疑惑时时"问"。

其三，要敢于"问"。学问，学问，就是要学，就是要问，不要不懂装懂。其实，每个人都会有自己的问题，只是有的不好意思问，有的爱面子怕别人笑话，有的胆小不敢问，但如果学生敢站出来问，教师就要为"敢问"者鼓掌。学生只要敢于亮出自己的观点，哪怕被证明是错误的，最终获益的还是学生自己。

其四，巧听他人之"问"。我读中学时年龄小、胆子更小，从来不敢在课间问老师问题，但我清楚，我疑惑不解的问题也一定是同学们疑惑的问题，于是我经常在课间往讲台上看，一见有人问老师，我就凑上前去，听他人之问，解我之疑。有时他人之"问"，并非我之所疑，我就怂恿胆大者去问，我在一旁"偷听"。

其五，思而后"问"。我们强调"问"的重要性，但并不是说一有问题就"问"，独立思考是一种很值得提倡的学习方法。问之前，自己一定要深思细究。"问"的问题是经过自己思考的，这样的"问"才有可能形成"追问""反问"，才能"问"出深度、"问"出实质，才能有所获益。

其六，不一定都"问"老师。即使"问"老师，也不一定局限在问本班的老师，其他班级的老师照样可"问"，许多问题其实也可以问问班级里的学习高手，同学的解答也许我们听得更明白。有些同学总体成绩一般，但在某一方面有特长，也可一问。学他人之长，补自己之短。这样往往可以"问"出新意。

其七，不一定都用嘴"问"。当今时代，学生可以通过邮件或微信"问"自己的老师，"问"网络上的名师，也可以参加网上"问题吧"的相关讨论，还可以将问题提出来，让各路高手的"奇思妙答"供自己参考。搜索引擎已成为网络中检索信息资源必不可少的工具，我们可以巧妙利用搜索引擎获取所"问"之果。

其八，别忘了"问"方法。许多同学"问"问题，是冲着问题的解答（更确切地说是"答案"）而去的，切记"方法比知识更重要"。你的问题，别人能解决，你更应学习别人在解决这一问题时使用的方法。当教师的多有这样的经历，多数学生问完答案欢喜而去，很少有学生这样问："老师，你是怎么想到这样解答的？"

其九，善待他人之"问"。对于他人之"问"，你会不会觉得很烦，会不会觉得浪费时间，会不会怕他人学到自己的方法？每个人都有自己的优点和独特的思维方法，你善于同他们交流，就会学到很多东西。退一步说，帮助同学解出一道题往往比自己做十道题收获更大。

其十，"答""问"结合。我们的学生要从"学答"走向"学问"，这是当前要急于破解的一个问题。但凡事宜辩证对待，不可矫枉过正。其实，认认真真答好老师之"问"，也是一种积极的学习方式，不要一说"学问"我们就不敢"学答"了。理性的做法是，"答"而思之，思而疑之，疑而"问"之，"答""问"结合。

对于有价值的提问，教师"点赞"之后要引导学生认真探究；对于价值不大的提问，要区别对待，采取妥善的方法予以处理，以保护学生提问的积极性；对于后进生的提问，要"高看一眼"，多用激励性语言赞赏。

值得一提的是，有观点认为："让学生提问难，教师转变更难，最大的阻力来自教师自身。"当学生所提的问题"井喷"时，我们的教师招架得住吗？当整堂课被学生杂乱无章的"问题泡沫"包围时，我们的教师还能收放有度地驾驭好课堂吗？当教师习惯的"自问自答"的教学方式受到挑战时，我们的教师能克服固有的教学定势吗？

从"生答"到"生问"，我们准备好了吗？

# >>>*02*>> 从学会到会学

"学会"和"会学"，看起来只是两个字的颠倒，意义却大不相同。"学会"只是说在学习过程中掌握了某种知识和技能；"会学"则是指在学习的过程中掌握了学习方法，形成了学习能力。

在教育实践中，我们发现一个学生要想取得优良的学习效果，单靠教师教得好、教得得法是不行的，他自身还必须学得好、学得得法。遗憾的是，长期以来，在教育理论和教育实践中，教学多研究教，少研究学。实践证明，忽视了学，教也就失去了针对性，减弱了实效性。

教师"教学"，不仅包含教师的"教"，还应包含教师教学生"学"。

教师怎样指导学生"会学"呢？

一是课程式学习指导。一般在起始年级开课，具体内容包括学习修养的方法（动机、兴趣、意志、情感、习惯），学习的基本方法（预习、听课、复习、作业、考试、课外学习），发展智力的方法（注意、观察、记忆、想象、思维、自学、创造），学习管理的方法（时间、环境、时机），分科的学习方法（政治、语文、外语、数学、物理、化学、历史、地理、生物、体育、音乐、美术）——这要求各学科教师共同进行，具体学习法简介（程序学习法、反馈学习法、超级学习法、专题学习法、问题学习法、论辩学习法等）。

二是交流式学习指导。教师订阅有关学习指导方面的报刊，组织学生阅读，并要求学生结合自己的学习实践撰写学习方法小论文，或投稿，或出刊，或在班会上交流。请优秀生介绍良好的学习策略，或请学习进步的学生谈学习成功的"秘诀"，这种来自学生的学习策略往往容易被同伴接受。

三是专题式学习指导。抓住某个专题进行学习指导，如复习考试前夕，先请有关专家开设"总复习应考策略"讲座，再请各学科有复习指导经验的教师分别召开本学科复习阶段的学习策略，让学生掌握复习阶段的学习策略和心理准备方法，争取科学迎考，在考试中取得好成绩。又如自主学习的指导、合作学习的指导、探究学习的指导等。

四是课堂教学渗透式学习指导。各科教师结合所教内容，不失时机地渗透学科某单元、某章节、某类问题的学习策略，这种结合具体内容的微观的学习策略指导更具有可操作性、针对性，对学生掌握学习策略，提高学科学习成绩很有效。同时，学生可在学科学习策略的掌握和运用中，逐步领会学习策略的真谛，由单一策略的应用发展到多种策略的综合应用，并迁移到学生学习的全过程，保证策略性学习成为可能。

五是课题组讨论式、咨询式学习指导。为了从更多的渠道对学生实施学习策略教育，教师可邀请学校或更高层面的专家分别对不同年级、不同层次的学生召开讨论式座谈会，有针对性地进行学习策略教育，及时帮助学生剖析自身的学习现状，调节自身的学习方式和方法。还可引导学生充分利用学校的教育信箱和心理咨询电话（含学习心理、学习策略教育）及时寻求帮助。

六是选修课、活动课、微型课的学习指导。为了实施课程改革，落实核心素养培育，许多学校构建了必修课程、选修课程、活动课程、微型课程、潜在课程和社会课程的全课程体系。面对众多的选修课程、活动课程、微型课程（即单题讲座或系列讲座），学生如何根据自身特点、兴趣爱好选择课程，就有一个策略问题。另外，这些课程的内容、教学方式、学习方法与必修课程有较大的差别，学习这些课程又有一个策略问题。教师要指导学生分析学习情境，分析学什么、何时学、在何处学、为什么学和怎样学，帮助学生较好地选择有关课程并按要求学好所选课程。

七是家庭教育中的学习指导。家庭对学生的学习有一定的影响，让家长初步掌握学习策略教育的基本思想和方法，对提高学习策略教育的质量很有帮助。学习策略教育应充分利用家庭教育的力量，共同实施学习策略教育。如利用家长会，向家长介绍有关学习策略的基本知识，让家长初步掌握指导孩子策略学习的方法；请家长配合督促孩子按策略性学习的要求进行实践；在家长学校里举办"家长谈策略性学习"的征文活动；让家长参与学习指导的讨论与交流；请家教有方的家长向师生和其他家长介绍家教经验；等等。

八是一些特殊学习方法的指导。如学习中的"退、绕、停、避"。

学习应该有"知难而进"的精神，碰到了困难也可以迂回一下。

"以退为进"。如读文学名著，可能涉及某一阶段的历史问题，这时可以先退回来补一补历史知识。爱因斯坦在研究引力理论问题的过程中，由于尚未掌握某些数学知识，找不到摆脱困境的出路，为此他在 1912 年专门去找了他的好友数学家格罗斯曼，格罗斯曼十分热情地帮助他解决了有关问题。1913 年两人合作发表了论文《广义相对论和引力理论纲要》。可见，这种"退"是"以退为进"，是为了以后的大踏步前进。

"以绕为进"。"绕"就是暂时跳过去，以后再说。有一些问题，当时可能尽很大努力还搞不懂，可以"绕"过去，继续往下读，到了后来，再回头看看，或许只要花较少的精力就可解决，或许它们已根本不成问题了。

"以停为进"。学习中遇到难懂且十分重要的内容，就应该"停下来"，仔细琢磨，直至弄通为止。盲目追求速度，结果必然是"欲速则不达"。

"以避为进"。"避"是放过去，不管它。学习总有个目的，要善于"避"开暂时不需要了解的知识，达到学习目的。如要得到某类方程的解法，读参考书就可以"避"过问题的提出、繁难的证明过程而"径取"解法。

# >>> 03 >> 从"双基"到"三维"

　　传统的教学方式是"带着知识走向学生"，强调"双基"教学，即基础知识和基本技能教学。新课程改革的一个重要标志，就是要求教学从"双基"走向"三维"。

　　"三维"是指"三维目标"，它是指教育教学过程中应该达到的三个目标维度，即知识与技能、过程与方法、情感态度与价值观。"三维目标"是一个教学目标的三个方面，而不是三个独立的教学目标，它们是统一的不可分割的整体。

　　知识与技能目标：主要包括人类生存所不可或缺的核心知识、学科基本知识与基本能力——获取、收集、处理、运用信息的能力、创新精神和实践能力、终身学习的愿望和能力。

　　过程与方法目标：主要包括人类生存所不可或缺的过程与方法。过程——指应答性学习环境和交往、体验；方法——包括基本的学习方式（自主学习、合作学习、探究学习）和具体的学习方式（发现式学习、小组式学习、交往式学习等）。

　　情感态度与价值观目标：情感不仅指学习兴趣、学习责任，更重要的是乐观的生活态度、求实的科学态度、宽容的人生态度。价值观不仅强调个人的价值，更强调个人价值和社会价值的统一；不仅强调科学价值，更强调科学价值和人文价值的统一；不仅强调人类价值，更强调人类价值和自然价值的统一，从而使学生内心确立起对真善美的价值追求以及人与自然和谐、可持续发展的理念。

在教学中，既没有离开情感态度与价值观、过程与方法的知识与技能的学习，也没有离开知识与技能的情感态度与价值观、过程与方法的学习。

我们强调"三维"并不否定"双基"，我国学生具有良好的"双基"，这是几代教育工作者努力的结果。"双基"教学应在继承倡导中反思，在反思中进一步发展。"双基"是一个随时代发展、随教育实践不断深化而有不同内涵的概念。

"双基"教学是学好知识的必备条件，我国教育工作者已有许多成功的经验，在教学中仍应狠抓基础知识和基本技能。忽视"双基"教学，空谈发展学生能力，就成了无源之水、无本之木。"双基"教学，与发展学生能力不矛盾，也与发展学生创新精神和实践能力不排斥。

但教育中强调"双基"教学，把教育目标具体化为掌握基础知识和基本技能，并由此发展出精讲多练的教学法，过多地进行套路"技能化"训练，是值得反思的。

传统、陈旧的教学方式充斥于"双基"教学之中，诸如典型的"烧中段"教学，用教师的思维取代学生的思维；大量机械重复的习题训练；教学以"三中心"（以教师为中心、以课堂为中心、以教科书为中心）的多，这是值得反思的。

应该说，近几年"双基"教学也有一定的发展，诸如变式训练，总结解题技巧，强调讲练结合，加快教学节奏，注重师生互动等，某种程度上说也有一定的积极意义，但这与课改新理念还有较大距离，也是值得反思的。

发展"双基"教学观，从某种程度上说，就"逼近"了"三维"教学观。

重视过程的"双基"观。现代教学的一条原则叫"过程教学"，就是让学生参与整节课的思维过程，充分经历知识发生、形成的过程，充分挖掘解题的思维价值。

问题解决的"双基"观。把问题作为教学的出发点，是现代教育的又一条原则。在教学中，注意设置问题情境，以贴近实际、贴近生活、贴近学生的活动，逐步培养学生的问题意识，激发学生学习的兴趣。

适当综合的"双基"观。一些人认为综合与"双基"不搭界，其实综合、应用、创新是教育发展的一种趋势，应适当把最基本的知识和技能综合在一起，引导学生学会从多角度处理问题。

主体参与的"双基"观。在教学过程中，只有充分调动学生认知、心理、生理、情感、行为、价值等各方面因素，参与到"双基"学习活动中去，让学生进入一种全新的学习境界，才能充分发挥各自的主观能动性，使其主动探索、主动发展。

分层优化的"双基"观。对于不同的学生应有不同的"双基"观，对于不同程度的学生，可通过多种渠道，如指导预习和复习、适当提问、分层次完成作业，同学帮助、教师辅导等，让他们在原有的水平上得到提高。

方法渗透的"双基"观。在"双基"教学中，应十分重视思想方法的渗透，因为学习不仅是知识的学习，同时也是思想方法的学习。只有注意思想方法的分析，才能把课讲懂、讲活、讲深，才能使学生在头脑中形成一个具有"活性"的知识结构，促进学生能力的发展。

辨证把握的"双基"观。"双基"教学，既要常抓不懈，更要常抓常新；既要"各个击破"，更要"融会贯通"；既要熟练掌握，更要灵活运用。只抓"双基"，忽视能力训练，是很难有好的发展的；"双基"不扎实，能力训练也必然受到制约。

追求理想的"双基"观。理想的"双基"教学，不只是传授知识的教学，更是师生交往、积极互动、共同发展的过程；理想的"双基"教学，要改变重结论轻过程的教学倾向，要注重学生探索新知的经历和获得新知的体验；理想的"双基"教学，要以学生的发展为本，服从、服务于学生的健康全面发展；理想的"双基"教学，不只在于追求教师会教，更注重追求学生会学、会科学地学、会策略地学、会创新地学。

优秀教师，应是积极践行发展"双基"观的教师，更应是智慧达成"三维目标"的教师。

# >>>*04* >> 从"三维"到素养

新一轮课程改革，广大教师在追求理想课堂，他们说：

课堂是师生互动、心灵对话的时空，课堂是师生唤醒各自潜能的时空，课堂是师生共同创造奇迹的时空。

课堂是面向每一颗心灵敞开的温情的怀抱，课堂是点燃每一位学生思想智慧的火把，课堂是情感态度与价值观激情迸发的舞台。

课堂随时都有意外的通道和美丽的图景，课堂最显眼的标志是平等、民主、安全、愉悦，焕发出生命活力的课堂才是理想的课堂。

学生走进课堂满怀希望，面对问题；学生走出课堂充满自信，怀抱好奇。

这样的话语，把"三维"要达成的目标说得淋漓尽致。

时代在发展，世界在变化。"如何培养学生的核心素养"，已成为世界主要国家的关注话题，我国也发布了中国学生发展核心素养总体框架和基本内涵。

核心素养以培养"全面发展的人"为核心，分为文化基础、自主发展、社会参与三个方面，综合表现为人文底蕴、科学精神、学会学习、健康生活、责任担当、实践创新六大素养。

学生发展核心素养，主要是指学生应具备的，能够适应终身发展和社会发展需要的必备品格和关键能力；是关于学生知识、技能、情感、态度、价值观等多方面要求的综合表现；是每一名学生获得成功生活、适应个人终身发展和社会发展都需要的、不可或缺的共同素养；其发展是一个持续终身的过程，可教可学，最初在家庭和学校中培养，随后在一生中不断完善。

专家指出，落实"双基"是课程目标 1.0 版，"三维目标"是 2.0 版，核心素养是 3.0 版，核心素养的提出让教育改革进入"3.0 时代"。

如果说从"双基"走向"三维目标"是新一轮课程改革的一个标志，那么从"三维目标"走向核心素养则是当前课程改革全面深化的一个标志。值得厘清的是，核心素养之于"三维目标"并不是简单的取代和否定，而是继承中发展，传承中创新，整合中突破。从形成机制来讲，核心素养是"三维目标"的进一步提炼与整合，是通过系统的学科学习之后而获得的。"三维目标"是核心素养形成的要素和路径。

核心素养引发学校变革，引发教师专业发展变革，引发课程变革，引发教材变革，引发课堂变革，引发学生学习方式变革，引发考试变革。如此多的"变革"，对教师的综合素养提出了更高的要求。

一位优秀教师不仅要对上述核心素养提法有一个清晰的认识，还要深刻领会核心素养在自己所教学科的具体表述、具体要求和实施策略。以数学课为例，数学核心素养包含数学抽象、逻辑推理、数学建模、数学运算、直观想象、数据分析等六个方面。数学学科核心素养的培养，要通过学科教学和综合实践活动课程来具体实施。

当教育指向核心素养时，教师该如何应"变"？

"变"之路径一：从教学效益到教学效率。

换言之，就是要从教学效益（知识＋技能）到教学效果（过程与结果并重）到教学效率（教学效果与时间和精力投入的比值）。课堂教学效益精准化，聚焦核心素养；课堂教学效果实效化，落实核心素养；课堂教学效率最优化，发展核心素养。

创设优质高效的课堂教学是发展核心素养的重中之重，是当前基础教育课堂教学改革的要求和趋势。

"变"之路径二：从学科教师到教育专家。

学科教师要有"大教育"的观念，深刻明晰学生的全面发展是核心素养的核心旨归，学生的创新精神、实践能力是核心素养的核心价值，学生的综合素养是核心素养的核心特征，学生的个性发展是核心素养的题中应有之义。

未来的学生，其跨文化理解力、跨文化合作力以及国际视野下的批判力和创新力等素养至关重要，而这些素养都是超越学科的综合素养，都需要教师既站在学科立场精心施教，使学科核心素养落地，更要站在教育立场跨学科多维整合，全面育人。

余文森教授说："素养导向的教学要求教师首先要具有积极的生命情态，是心地善良、有情有爱、充满生命活力的人，对社会肩担道义，对工作爱岗敬业，对生活乐观向上，对困难愈挫愈勇，对他人团结合作，对自我勤奋进取。其次要具有强烈的育人情怀。教书育人是教师的天职，教书是途径、是手段，育人是目的、是根本。"

"变"之路径三：从教学者到助学者。

尹后庆在《核心素养要落地，学习方式必须变》一文中明确指出：核心素养的落实，显然不仅仅是对教学内容的选择和变更，它更是以学习方式和教学模式的变革为保障的。我们不能不承认，在当下的教学中知识灌输和技能训练仍然是教学的基本方式，过度关注固定解题过程和标准答案的现象非常普遍，所以要把"知识为本"的教学转变为"核心素养为本"的教学，必须大力推进学习方式和教学模式的改变。

"变"之路径四：从学科素养到综合素养。

当知识不是教学的唯一目标，当能力、素养、情感成为课堂上教师着重关注的内容时，在师生这个学习共同体中，真正地打动学生、感染学生，师生在相互"发现"中达成"教"与"学"新境界的是教师的情感、格局、胸怀、视野，看待事物的态度和处理复杂问题的方式。

值得一提的是，学生核心素养培育，既要强调素养意识，更要自然和谐融入；既要突出必修课程，更要用好其他课程。不能强求一个学科就能覆盖"全素养"；不要指望在某一学段能深度培育"全素养"；不要认为在一节课中，核心素养培育越多越好，培育核心素养要"因课而异"；不能要求一个学生"全素养"俱佳，核心素养也应是"各具特色"的，即学生的核心素养应是：基本达成＋特色素养。

# >>>05>> 从好玩到玩好

"好玩"就是"引趣"，让学生感到学习十分有趣，这是学习的原动力；"玩好"就是"引深"，让学生能不断钻研、深入探索，这是学习的内驱力。

初为人师的我，没有什么数学教学经验，学生的学习成绩却不错，这缘于我的"每课一趣"。

"每课一趣"，就是每节课都要有一道以上的趣味数学题，或是数学游戏，或是数学智力趣题，或是趣味数学故事。有时在开讲时讲，有时在课末时讲，有时渗透在课中讲。趣题可以和所学内容有关，也可以与所学内容无关。趣题一般不超纲，偶尔也适度超一点。趣题宜自然融入，力求起到引发兴趣、激活思维、活跃课堂之效。现在看来，这"每课一趣"就是"好玩"。

但是，那时如果年级出的试题稍难一点，或有些创新题出现，我班的成绩就不那么突出。我悟出"仅有好玩是不够的"，还要"玩好"。怎么"玩好"呢？我当时的做法是"每日一题"。

"每日一题"，就是每天出一道数学征解题，供学有余力的学生选作。征解题可以是课本问题的拔高，可以是身边的精彩数学问题，也可以是切合时宜的数学趣题。多数学生对每日一题很感兴趣，哪天没出征解题，学生就"若有所失"。征解题也可以由学生先提供给我，我简单评判或修改后署上学生的名字公布。现在看来，这"每日一题"，就是"玩好"。

后来，我发现自己的数学教育实践与数学家的认识竟然不谋而合！2002年，第24届国际数学家大会（ICM）在北京举行，92岁高龄的著名数学家陈省身在大会活动之一的"走进美妙的数学花园"中国少年数学论坛的开幕式上题词：数学好玩。第二天，中国科学院院士、数学家田刚也送给青少年数学爱好者四个字：玩好数学。

从表面上看，两位数学家似乎只是在玩文字游戏，实则不然。

"数学好玩"是保持一颗童心，就是保持一份纯真、一份坦诚，就是把数学学习恢复到最单纯的目的——在玩中学习，在玩中陶冶性情，在玩中享受数学的乐趣。在玩中学习数学，就会发现数学不是枯燥无味的；在玩中学习数学，学习者的心态就会是平和的，没有外界名利的干扰与纷争，有的只是对数学的热爱与兴趣。玩是每一个人的天性，在玩中完成自己的工作和事业，可谓人生的最高境界。

享受数学的"好玩"之处，并非数学家的特权。当你用自己的思考解开一道难题时，当你用自己的眼睛发现证明或计算的错误时，那种豁然开朗的感觉不正是对"数学好玩"的切身体验吗？即使你的智力很普通，将来也不打算从事与数学直接相关的职业，少年时期的数学训练也将对你的思维方法产生影响，这种受益是伴随一生的。

与科学终身相伴的陈老，竟用最简单的语言——"数学好玩"，向少年学子介绍了数学这门最复杂、应用最广泛的学科——这是一种欣赏，而在欣赏琢磨的过程中，陈老又为理论物理作出了巨大贡献，这恐怕是他"玩"之前所始料不及的。

但我们不能只停留在"数学好玩"或"不好玩"的层次，更为重要的是要"玩好数学"。"玩好数学"实属不易，在追求数学真与美的过程中，需要耐得住寂寞，需要付出超常的毅力。只有真正"玩好数学"的人才会最终体会出"数学好玩"。

在"数学好玩"方面，数学教师做得好吗？

我们去调查中小学生，问他们数学好玩吗？多数回答"数学不好玩"。我在社交活动时，许多人听说我是数学教师后，脱口就说"我最怕数学"。我给他们几道生活中的数学"好玩题"做，他们兴趣盎然，乐此不疲，纷纷对我说："我们当年要是有你这样的数学老师就好了，就不怕数学了。"我绝不是想说我有多厉害，其实我就是先从"数学好玩"入手，激发他们对数学学习的兴趣而已。这就告诉我们，教师在"数学好玩"方面还有很大的提升空间。

张景中院士主编的"好玩的数学"丛书为数学教师作出了榜样——数学院士们不仅写深奥的数学，也写"好玩的数学"。这可以很好地提醒教师，自己不知好玩的东西在哪里，又拿什么让学生觉得"好玩"？

在"玩好数学"方面，数学教师做得好吗？

我建议数学教师去做一做《给数学迷的 500 个挑战性问题》里的问题，检验一下自己"玩好数学"的水平，看看自己能拿下几题，并思考如何在教学中"玩好数学"。

当数学教师很不容易，"数学好玩"要求我们"深入浅出"，而"玩好数学"要求我们"浅入深出"。从"数学好玩"到"玩好数学"，需要数学教师坚持研修，把握好数学的横向联系和纵向深入，把握好数学的趣味性和拓展性，结合学生实际将数学的"好玩"和"玩好"像知时节的"好雨"适时润入学生的心田。

"好玩"是不易的！中小学的课是可以上得很有趣、很"好玩"的，但现今的课能够达到充分"引趣"境界的还不多。"引趣"是要有智慧和艺术的，"引趣"贵在用心挖掘，贵在浑然天成。当然，我们绝不能"为引趣而引趣"。

"玩好"也是不容易的！"引深"是一种探索问题的方法，也是一种值得提倡的学习方法。在课改背景下，"引深"之路怎么走？我以为，合作学习、自主学习、探究学习都可以和"引深"挂钩。教师要善于引导，让你所教的班级具有"引深文化"，也就是要有"玩好意识"。另外，研究性学习与"引深"也有着密切的联系。研究性学习有课题式和渗透式两大类。课题式研究性学习的选题，一般情况下与课堂学习没有直接联系；而渗透式研究性学习问题是课堂学习的深化，课堂上某些"引深"的问题，再"引深"下去，就是渗透式研究性学习。

值得注意的是，"好玩"是要让所有学生都能感受到的，"玩好"不能要求所有学生一定都达到，这里有一个"度"的把握。"好玩"是一种境界，"玩好"是略高一层的境界，而在"好玩"与"玩好"之间把握好"度"是一种理想的状态，需要灵活运用"引趣"和"引深"。

模仿一首诗，我想说："好玩"诚可贵，"玩好"价更高。若为教育故，两者皆需要。

# >>>06>> 从教会到教慧

教师教学生学会课本上的知识、记忆这些知识，力争考出一个好的成绩，也就是我们常说的"教会学生"，这无疑是需要的，也是对教师教学最基本的要求。一个教师热爱本职工作，对学生负责，忠于职守，认真备课、上课、批改作业、辅导学生，实事求是地说，要做好这些，也非易事。

张奠宙、赵小平两位教授曾写过一篇文章《做一个与时俱进的教书匠也不容易》，这里所说的"与时俱进"指的是：教师最好能更多地研究教育规律，更积极投入教育改革的潮流。

在我看来，"与时俱进"还可以再"俱进"一点，那就是从"教会学生"走向"教慧学生"。就"知识"教"知识"培养出来的学生，难以更好地适应未来，只有让学生获取知识的学习过程充满素养培育、智慧灵动才能更好地迎接未来的挑战。

程红兵校长认为，更高层次的课堂重建是着重于课堂里的教学流，即"教师的教育与学生的学习"这一动态的内容要有思维的含量、智慧的含量和文化的含量，也就是学生在课堂里实际最终收获的是价值大、极富思维意义的课程。

在《从教会到教慧：小学生数学学习能力的培养艺术》（滕云著，西南师范大学出版社出版）一书中，作者对"教慧"的理解是教师需要引导学生在学会阅读与思考、学会观察与探索、学会联想与记忆、学会运算与运用、学会交流与评价等方面着力。

高鹏老师在《从"教会学生"向"教慧学生"转型》一文中认为，零散的知识是构不成能力的；教学不能止于知识，更要进入思维。在教学过程中，教师的根本作用不是"告诉"和"教会"学生知识，而是"激发"学生的学习潜能，"激励"学生的学习热情，"引领"他们提升合理思维、深入探究与有效合作等"会学"的综合能力，最终实现"建构知识、提升能力、启迪智慧"的价值追求。

"教慧学生"，让学生灵性生长，师者可从以下几个方面进行。

一是追求"教慧学生"的育人境界。让学生灵性生长，靠"教会"学生"学会"知识为目标和任务的"'教会式'教学"是无法实现的，只有有效实施和深入推进以启发、引导学生"会学"为目标和任务的"'教慧式'教学"才能达成。心有"教慧学生"之愿，行动才有"教慧学生"之策。

二是理解"教慧学生"的基本内容。"灵性"即"人所具有的聪明才智，对事物的感受和理解的能力"。人所具有的聪明才智有哪些？至少有：两耳不闻窗外事——注意力，远近高低各不同——观察力，熟读唐诗三百首——记忆力，飞流直下三千尺——想象力，学而不思则罔——思维力，异想竟使云天开——创造力等，其中思维力尤其是创新思维能力尤为重要。

三是创设"教慧学生"的新型课堂。教师要积极超越单一维度的传统课堂，创设多维视角的课堂，引导学生全面、整体、辩证地看问题；要改变"师说生答"的平静课堂，创设矛盾冲突的课堂，有矛盾才能激活思维、引发争辩、深入探索；要转变"准确讲解"的"完美"课堂，创设批判思维的课堂，鼓励学生敢于质疑问难，善于发现新的问题，勇于另辟蹊径。

四是基于"教慧学生"的教材活用。传统教学"以本为本"，把教材内容照本宣科地传授给学生，教师只会"教教材"，结果造成"死教书"的结局，造成教学内容的死板。教学中，要有教材，要信教材，但不唯教材，而是活用教材。"活用教材"就是要把握教材、吃透教材、激活教材、改组教材、拓展教材，"用教材教"，让"教材"充满"活性"。"死教书"往往把学生"教死"，而"活教书"带给学生一个"活性"的大脑。

五是基于"教慧学生"的生本理念。传统教学"以师为本"，教师以自己的思路设计教学环节，让学生"适应"自己的思路，用自己的思维代替学生的思维，用自己的思想代替学生的思想，这会造成教学活动的死寂，最终导致把学生教死。生本理念下的教学，考虑学生的需要安排教学内容和设计教学活动。适合学生的学习，才是学生心里向往的学习。教师还要放低自己的身姿，引导学生主动思维、积极探索，激活学生的求知欲望，不把学生教死，让学生灵性生长。

六是基于"教慧学生"的"学"的转变。传统教学过分强调知识接受与掌握，冷落、忽视发现与探究，使学生学习变成了仅仅是直接接受书本知识的被动接受、死记硬背的过程。这种学习方式不利于学生的智力发展，不利于激发学生的学习兴趣，因此新课程改革强调自主、合作和探究的学习方式。课改如此，"教慧"亦然。

最后给大家推荐一本书名为《让学生灵性成长》（严育洪、管国贤编著，教育科学出版社出版）的书，大家阅读之后，对"教慧学生"会有更深刻的认识。

该书的编写采用由点及面、由例到理的框架结构，研究从学生在学习中暴露出来的"死学"和"学死"问题出发，就"教师应该采取怎样的教学对策可以不把学生'教死'"的话题展开系列讨论，接着列举一个个特殊、具体、相应的教学活动现场，通过在应用时间上有先后、或在应用范围上有彼此、或在应用水平上有高低的两个案例的对比，进行教学的微格研究，从而让读者明辨其中的"活性"。

在具体行文中，作者还特别注意把"活教书"和"教活书"案例描述中的关键性"活点"用曲线划出和用加粗标出，以提醒读者注意其中的"活芯"，之后对一组案例进行比较性的"活性"分析，以让读者明确其中的"活理"。在文末，作者还对上述几组案例与分析作了概括性和综合性的总结，帮助读者更好地理清了"把书教活"的总体思路，并提出了一些更具有普遍意义的"活法"，这有助于读者在自己的教学实践中活学活用。

# >>>*07*>> 从智力到非智

　　智力因素一般指注意、观察、记忆、想象、思维。非智力因素（狭义）一般指动机、兴趣、意志、情感、性格。在教学中，智力因素是十分重要的，它在学生分析问题、解决问题中起着核心作用，而思维能力又是核心中的核心，因此教学中应不失时机、全方位地对学生进行智力训练，培养学生高度的注意力、敏锐的观察力、高超的记忆力、丰富的想象力和广阔的思维力。

　　但教学中又应强调非智力因素的辅助作用，培养学生具有远大的理想、浓厚的兴趣、顽强的意志、丰富的情感和刚毅的性格，只有智力因素与非智力因素有机结合才能使学生以极大的热情参与学习活动，同时能使学生在学习活动中充分发挥水平、取得好成绩。

　　学术界关于非智力因素的界定尚无一致的意见，为了便于叙述，且与前述智力因素界定的和谐性相统一，我们这里仍采用燕国材先生的界定。他认为："非智力因素是一个相当广泛的综合性的概念。它有广义和狭义之分。从广义的角度说，凡是智力因素（注意力、观察力、记忆力、想象力、思维力）以外的一切心理因素，甚至于道德品质都是非智力因素。从狭义的角度看，我们只把动机、兴趣、意志、性格、情感五个心理因素包括在非智力因素之内。"我们这里采用非智力因素"狭义说"，并依次展开讨论。

　　第一，动机与学习。

　　心理学把引起和维持个体的活动，并使活动朝着某一目标进行以满足个体需要的内部动力，称为动机。动机是其他非智力因素的前提。一个人有了活动的动力，并且有所活动，才有可能产生对事物的兴趣，诱发其情绪情感，才能有所谓的意志品质与性格表现。

学习动机是对于学生的学习起推动作用的心理因素，是直接推动学习活动的内部动力，是人们对学习的一种需要。一个人在学习活动还没有开始时，学习的目的就已经在头脑中形成了，根据学习目的就会作出计划，指导行动，以最终实现自己的学习目的。这种促进学生去学习的心理动因，就是学习动机，它是一种内在的力量，决定学生为什么要达到那个学习目的。

动机对学习行为起着决定性的作用。心理学家认为，一个人的学习成绩主要受两方面因素的影响——能力和动机，用公式表示，即学习成绩＝F（能力 × 动机），即学习成绩是能力和动机的函数。动机影响学习成绩的原因主要有：动机引发学习行为；学习动机指引学习活动朝着一定的方向前进；学习动机调节学习的强度。

学习行为对动机具有反作用性。美国心理学家奥苏伯尔说："学习动机与学习之间的关系是典型的相辅相成的关系，绝非一种单向性的关系。"这说明持续的学习可以强化动机。尤其是学生的成就动机往往与这个学生的学业成绩有关，学业成绩好的其成就动机就高。这就启发我们，在教学中应充分让学生体会到学习成就的喜悦，以此来强化其学习动机。

学习动机与学习效果的关系非常密切。在一般情况下，学习动机与学习效果是一致的。崇高的学习动机可以产生强大而持久的动力，正如斯大林所说："只有伟大的目的才能产生伟大的力量。"确立了正确学习动机的学生，就能把学习看成是一种神圣的社会职责，因而学习方向明、干劲足、意志坚、标准高，学习效果好。相反，不正确的动机所引发的学习积极性则十分脆弱，往往经不起成功、困难和挫折的考验，学习目标小，学习效果差。但是，当动机过分强烈、超过一定限度时，人往往处于紧张的情绪状态，降低学习效率，影响了正常学习活动，反而学习效果差。

第二，兴趣与学习。

兴趣是人认识、欣赏和探索某种事物的倾向。一个人对自己感兴趣的事物会优先给予注意，同时伴随着积极的情绪，从而对该事物进行深入的探索。

兴趣对学习的影响主要表现在以下四个方面：

一是学习兴趣具有定向作用。一个人学什么，不学什么，在哪些方面用功，在哪些方面不用功，常常是由他的学习兴趣来决定的。特别是志趣，更可以决定一个人的进取方向，奠定其事业的基础。

二是学习兴趣具有动力作用。学习兴趣不仅可以定向，而且可以成为巨大的学习推动力，也就是说，兴趣可以直接转化为动机。学生对于某个学科有浓厚兴趣，这常常会推动他满怀乐趣地去学习钻研，同时许多科学家的研究就是由学习兴趣转化为学习动机的。

三是学习兴趣具有支持作用。学习是会遇到困难的，如果对某项学习有很大的兴趣，学习者就会想方设法克服困难，达到学习的新高度。如果对某项学习毫无兴趣，遇到困难就很容易退缩，产生畏难情绪。布卢姆曾这样说过："学习的最大动力，是对学习材料的兴趣。"

四是学习兴趣具有偏倾作用。所谓兴趣的偏倾作用，就是人们往往从自己的兴趣出发去审度事物，表现在学习上就是各人由于兴趣的不同，对学习内容理解的侧重点也有所不同。听一堂课，学一门学科，学生会在许多方面表现出兴趣的偏倾性，对感兴趣的，他们就会特别用功，理解得特别迅速、准确，这也是因材施教应该注意的一个方面。

第三，意志与学习。

心理学把人为了实现某种目的，在行动中自觉克服困难时所表现出来的心理过程，称为意志。人生并非一帆风顺，前行途中会有各种波折，意志力的大小会直接影响到活动的效率及成败。

从心理学的角度看，人的意志具有一个最基本的功能，即调节内外活动。这种调节功能表现在发动和制止两方面，发动是指推动一个人去从事一定目的所必需的行动，制止是指抑制或中止与这一目的相矛盾的愿望或行动。发动和制止是辩证统一的，有所不为才能有所为，要有所为就应有所不为。

学生知识技能的学习、能力的形成绝非一日之功，他们需要经过紧张复杂的智力活动，克服学习中遇到的许多困难才能完成学习任务。意志行动制约着学生的学习行为，对学习的影响至关重要。现代心理学把意志行动过程分为采取决定和执行决定两个阶段。采取决定是意志行动的开始阶段，这个阶段是学生在头脑中勾勒出学习蓝图，选择学习方法的阶段，决定着学生学习的方向，并为进一步的学习活动奠定基础。执行决定阶段决定着一个人的意志行动能否真正得以实施，我们常见到有的学生在采取决定阶段决心很大，有"不达黄河不死心"的宏愿，但学习中一遇到困难便偃旗息鼓，成为"语言的巨人，行动的矮子"，这样他的目的永远也不能实现。

也有学者认为，意志活动的基本心理过程应为"决心—信心—恒心"三个阶段。要完成一个意志活动，首先要立下决心，其次要树立信心，最后还要有恒心。这三个阶段密切联系、互相交织、彼此促进，缺一不可。一般说来，决心越大，信心越足，恒心越持久；决心愈小，信心愈弱，恒心愈短暂。

第四，性格与学习。

性格是表现在个人对现实的态度和行为方式中比较稳定而有核心意义的心理特征。性格是人的个性中最重要的心理特征，性格特征是人对现实的态度及行为方式，而且态度是一贯的，行为是习惯化的。

每个人的性格固然各有千秋，但它们都表现出几个主要特征：可塑性、确定性、阶段性和能动性。第一，性格的可塑性。说的是性格并非一成不变，它不可能永远停留在一个水平上，因为作用于性格的各种因素是不断变化的。性格的可变性，决定了性格是可以培养的。第二，性格的确定性。性格是个体比较稳定的心理特征，它具有可变的一面，又有不变的一面；它具有偶然的一面，又有恒常的一面。在某种程度上，性格确定性是指在个体生活中那种偶然出现的、一时性的表现，不能说明一个人的性格特征。第三，性格的阶段性。性格的可变性和确定性，决定了性格形成和发展的阶段特征，按年龄阶段可分为形成期、定型期、成熟期和更年期。第四，性格的能动性。人的性格是在外界环境的影响下形成的，但它并不是消极地适应外界的变化。人的性格一旦形成，就表现出相对的独立性，能动地作用于外界环境，对外界的各种因素进行抉择、取舍，并积极地影响环境，影响别人。

优良的性格对学习的积极作用，主要表现在性格具有调节功能、控制功能和维持功能。

性格的调节功能表现为改变学习态度，协调各种动机，稳定学习情绪，提高心智活动的水平等。

性格的控制功能表现为性格可以加强或延缓、加强或减弱心理活动，可以积极地对自己的学习进行反馈，对自己的学习进行自我核对、自我督促、自我誓约、自我校正。

性格的维持功能表现为优良的性格能维持艰苦的学习直至成功。

第五，情感与学习。

情感是人的心理的波动状态，是人对于客观事物是否符合人的需要的一种反应。

人的情感具有许多区别于其他心理活动的特征，最重要的特征有：情感的两极性、情境性、感染性和移情性。情感的两极性，即人的任何一种情感都可以找到另外一种和它在性质上恰好相反的情感。情感的情境性，即人的情感总是在一定的情境中产生的。情感的感染性，即人的情感在一定的条件下可以感染别人，别人的情感也能感染自己。情感的移情性，即人们不自觉地把自己的情感赋予外物，好像外物也具有这种情感。

情感是可以进行分类的。按情感的状态可分为激情、心境和热情三类。激情是爆发式的、强烈、紧张而短暂的情感状态；心境是微弱而持久的心理状态；热情则是一种强有力、稳定而深厚的心理状态。按情感的社会内容又可将情感分为道德感、理智感和审美感。道德感是关于人的思想、举止、行为是否合乎一定道德准则而产生的情感；理智感是在人的智力活动过程中产生的情感；审美感是根据一定审美标准对客观事物、人的行为及艺术给予评价时所产生的情感。

人的学习过程本质上是一种认识过程，主要是通过学习书本知识和间接经验来认识客观世界。情感总伴随着人的认识，或者推动认识过程的发展，或者阻碍认识过程的发展，从而影响到人的学习成绩。

人的情感是在学习活动中发展能力的一个重要因素，在学习中起着重要作用，对创造性活动的喜爱，从紧张的智力活动中得到满足感，以及在这一过程中得到的情感享受，能提高一个人的精神状态，调动他学习的力量。有了良好的情感，他就会感到学习是十分有趣的，不是一种负担、一种苦役，而是一种需要、一种享受，即使在学习上遇到难题，也会通过情感调动智力因素和唤起非智力因素中的动机、意志、性格、兴趣促使问题得以解决。

在教学中，名师不仅重视智力因素，也重视非智力因素，因为"IQ（智商）诚可贵，EQ（情商）价亦高。若为教育故，两者都需要"。

# >>>08>> 从题海到题根

　　"题海战术"有广义与狭义的区分。在狭义上，这一词汇的意思是为达成某一任务（多指考试或检测），大量、不受时间和地点限制地做相关习题，并不考虑其质量与效率。在广义上，这一词汇也可引申为依靠数量而非质量取得胜利。

　　不论是狭义的界定还是广义的界定，我们都不难理解"题海战术"用于教学的情形。事实上，中小学教师对这个词会有更深刻的感受。

　　时至今日，中小学生课业负担过重的问题并没有得到彻底解决，仍是困扰基础教育发展的一项顽疾。造成这一问题的因素很多，从教育的角度来说，课堂教学效率低，课业负担必然加重。由于应试教育的流弊，课程改革倡导的以学生为主体、转变学生的学习方式等新理念难以推进，一些教师在教学观念、教学方法、教学手段等方面还比较单一、落后，无法适应新课改的要求，还是靠"题海战术"来提高教学质量，造成教师苦、学生累、负担重、效率低的现象。

　　学校是减负的主体，学校在减负的同时要注意增效才能达到真正意义上的减负：一要培育优质高效课堂，二要优化作业和练习，三要通过课改整体、综合地改进。

　　要"优化作业和练习"，就不能再依靠"题海战术"。"题海无边，何处是岸？"从某种角度说，我以为"题海无边，题根是岸"。

　　说到"题根"，在这里很有必要把万尔遐老师的部分研究成果和大家一起分享，万老师在这方面研究了多年，他的研究成果很有借鉴意义。

题根是什么？万老师认为——

题根是个问题：题根不是概念，不是结论，不是一般性的话题、标题、主题。从句法上讲，话题、标题、主题都是陈述句，而题根是个疑问句，它是个问题。

题根是个题目：问题规范化后就是一个题目，就像讲课时的例题，课本上的习题，考卷上的考题，会场上的讨论题或研究题。

题根是题目的根基：题根不是一个孤立的题目，也不是一堆题中的一个单一的个体。它是一个题族的根祖，一个题系中的根基，一个题群中的代表。抓到了一个题根，就等于抓到了这个题族，这个题群，这个题系。

题根有生长性：题根不同于题源，题源那里似乎有现成的题目，只是在源源不断地流出来。而题根不然，在那里，现在不一定有现成的题目，众多的新题目要从题根上长出来。因此题根不是题库而是题圃。

题根有渗透性：题根不刻意对学科内容在形式上覆盖，但着重考虑题根与题根之间自然、深刻、纵横的渗透。因为覆盖的只是一个"平面"，而渗透将得到的一个"三维立体"。因此，题根之前不要考点罗列，以便让题根"自主地"去进行"地下串联"。

题根有实用性：题根在课堂教学中应是课堂"主例"，并成为课堂的"课根"，课堂的其他例题要视作是"主例"的迁移、补充和拓展。题根在考场上应成为"考根"，应与考卷上的板块考题相约、相吻、相关、相近，而不一定要相同。

题根的可接受性：内容在教纲和考纲范围内，难度在中等水平上（0.65）。题根不是高难题（题顶），也不是简答题（题支或题叶）。题根是学生很想得到但又不能伸手而得，是要跳起来摘到的果实。因此，题根在"行文"上要特别讲究科学性与趣味性的结合，使学生在学习中尝到"苦中之乐"。

想必读者已经初步感受到"题根"之大意了，我这里再举一个数学的例子，让大家再具体体验一下，其他学科可类比思考。

游戏引入：①全班学生每人任意写下一个真分数；②分子、分母分别加上一个正数；③新分数与原分数的大小关系怎样？

学生结论：一个真分数的分子和分母分别加上一个正数后其值增大。

引出问题：已知：$a$、$b$、$m \in R^+$，且 $a<b$，求证：$\dfrac{a+m}{b+m}>\dfrac{a}{b}$。

一题多解的教学价值：

第一节课，师生共同探讨了分析法、综合法、求差比较法、求商比较法、反证法进行证明，课堂练习之后，再探讨放缩法、构造函数法、增量法进行证明。这节课的作业是"研究本题的第九种新证法"，学生可独立思考也可集体攻关。

第二节课，让有新证法的学生讲新证法，师生又共同探讨了定比分点法、斜率法、三角法、几何模型法新证法，课堂练习之后，继续探究，师生又得到用正弦定理法、相似三角形法、换元法、双换元法、综合法及放缩法、定义域及值域法的新证法，让学生感受到"柳暗花明又一村"。这节课的作业是"研究本题的第二十种新证法"，学生可独立思考也可集体攻关。

第三节课，老师问学生：有谁还能再开动脑筋、挖掘潜能，探寻新证法，老师继续引导学生探索用椭圆离心率法、双曲线离心率法、函数图象法、两直线位置关系法、矩形面积法、定积分法进行证明，全班沸腾了！这节课的作业是"在未来的日子里，研究本题的第二十六种新证法"，学生可独立思考也可集体攻关。

这道题让学生"透视"一个简单不等式问题背后博大精深的"世界"，学生在探索新证法的过程中进一步体会到数学知识之间的联系，启迪学生更深刻地"悟道"数学解题的奥妙与真谛。

一题多变的教学价值：

师生共同探索"变式"，层层深入，共变出 8 个新的命题，最后一个是：

若 $a_i$，$b_i \in R^+$，$i=1$，$2,\ldots,n$，

且 $\dfrac{a_1}{b_1}<\dfrac{a_2}{b_2}<\cdots<\dfrac{a_n}{b_n}$，

$$\frac{a_1}{b_1}<\frac{a_1+a_2}{b_1+b_2}<\cdots<\frac{a_1+a_2+\cdots+a_n}{b_1+b_2+\cdots+b_n}<\frac{a_2+a_3+\cdots+a_n}{b_2+b_3+\cdots+b_n}<\cdots<\frac{a_{n-1}+a_n}{b_{n-1}+b_n}<\frac{a_n}{b_n}。$$

"真过瘾！"这是学生们用换元法或增量法证得"猜想"成立时发出的感叹。

一题多用的教学价值：

利用本题的结论"借题发挥"，可解决多个数学问题，其中包括某年高考最后一题所要证的不等式：

$$(1+1)(1+\frac{1}{3})(1+\frac{1}{5})\cdots(1+\frac{1}{2n-1})>\sqrt{2n+1}\quad(n\in N,\ n\geq2)。$$

当学生得知他们无意中解决了高考"压轴题"时，先是目瞪口呆，继而露出会心的微笑。他们感觉到了自身的力量，进一步增强了学好数学的信心。

# >>>09>> 从无疑到生疑

为了圆满地完成教学任务，绝大多数教师都会力争把课讲得完整、细致、清晰，也就是讲得很完美、很"干净"，"没有疑问"。一位英国外教在接受媒体采访时说，中国学生最大的问题是"没有问题"。

中国教师要清醒地认识到，学生没有提出问题不等于就没有问题！

中国学生为什么"没有问题"？原因之一是中国的老师们"不会生疑"。

我国宋代教育家张载说："学则须疑，学贵善疑。""疑"，不仅是学习的需要，也是思维的开端，更是创造的基础。

师者教学如何从"无疑"走向"生疑"？

其一，教师自己头脑中要"有问题"。

要解决学生"没有问题"之弊端，首先要让我们的教师"有问题"。做"有问题"的教师，是时代的呼唤。这就要求教师"学高一筹"，广读文化书，精读教育书，深读专业书；还要"思高一筹"，善于独立思考，敢于另类思考，积极创新思考；更要"研高一筹"，研究才能创设"趣问题"，研究才能发现"真问题"，研究才能探索"深问题"。

其二，教师要教会学生提出有价值的问题。

哈佛大学流传着这样一句话："教育不是单纯传授基本知识，一定要教会学生提出问题，考虑问题，不断地提出有价值的问题。"有价值的问题，就是问出个性，问出水平，问出新意，问出挑战。面对学生五花八门的提问，有教师提出了七种应对法：歧义明显的提问——反戈一击，以疑制疑；直陈异议的提问——"兴风作浪"，顺水推舟；柳暗花明的提问——不置可否，静候其变；粗陈模糊的提问——适时点化，搭桥解围；偏题离题的提问——恰当疏导，自然转向；情态不当的提问——化浊为清，拨乱反正；难以言明的提问——实事求是，量力而为。

其三，"俯下身子"做教师，鼓励学生大胆质疑。

新的教育理念提出，教师应该与学生共同学习，"师生学习共同体"要求教师走下"神坛"，不做万能的"上帝"，以一个普通人的心态（当然不忘自己是"平等中的首席"）"俯下身子"和学生一起探究。教师应当充分认识到，质疑过程是一个积极思维的过程，更是知识生成的过程，质疑的过程孕育着创新的萌芽，是学习新知识的开始，也是学习能力养成的起点，因此教师要积极传播"学贵有疑"主张，点燃学生质疑的火花，唤起学生质疑的欲望，鼓励学生学会生疑、大胆质疑。

其四，教师可以上一些"不圆满"的课。

教师备课追求圆满，是需要的。但教师在具体上课时，不一定"太圆满地教学"，太圆满的教学，可能会用教师的思维取代学生的思维，学生少了自己的思考。教学中留一些"缺口"、留一点"缺陷"，使学生想"圆其说"，很有可能激发学生去"圆满"，给学生用心之机、用武之地。教师要少给学生句号，多给学生逗号，"留有悬念"让学生怀抱好奇探索不止。

其五，融错教学可引发学生"不信任"教师。

融错教学，就是教师在讲课时"有意差错"，即在讲课过程中，根据学生容易忽视或弄错之处，有意将所授内容（尤其是解题）"不露声色"地讲错，最后引出矛盾或说明解答是错误的，然后师生共同纠正错误。这样充分暴露了错误过程，让学生在"情理之中"惊呼上当，使学生加深对错误的认识，在知识上来一次再认识，在能力上得到一次再提高，从而达到预防错误、提高学习能力的目的。教师融错，就会营造一种"我爱导师，我更爱真理"的氛围，学生可以怀疑老师的讲解，可以指出老师的错误。融错于无痕之中，是一门艺术。

其六，于"平常"处设疑。

宋代大学者朱熹云："读书无疑者须教有疑，有疑者却要无疑，到这里方是长进。"教师应当自己善于并能引导学生于无疑处生疑。在课堂教学中教师要积极引导学生在无疑处生疑、质疑,最大限度地发挥学生学习的主动性和积极性。要做到这一点,教师就要掌握一些生疑方法,对知识巧设疑,如可以在难点处设疑明理;在关键点和重点处设疑,给出一些有台阶的问题,步步激发学生求知欲;在例题的变式过程中,"生"出新的具有挑战性的问题等。

其七,教师要营创"疑无止境"的课堂文化。

古希腊生物学家普罗塔戈说过:"头脑不是一个要被填满的容器,而是一束需要被点燃的火把。"因此,教师不应是"灌输者",而应是"点火者"。教师作为"点火者",实质上就是营创这样一种课堂文化,引导学生从生疑、质疑、解疑到再生疑、再质疑、再解疑,如此循环,"疑无止境"。"星火燎原"处,辨析明理时。

其八,教师要改变"去问题教学"为"生问题教学"。

现有"问题"的呈现,我们要努力去解决,以往的教学是"去问题教学",即把"问题"一一解决。不是说不要解决问题,而是要在解决旧问题时"生"出新的问题,这"问题"可以是老师提出的,但我们更希望学生能多提"问题",让师生常怀"问题"之心,成为"问题"的拥有者,让"问题"贯穿课堂始终,成为推动课堂教学的动力,从而使教学活动更具挑战、更有新意。

# >>> *10* >> 从师考到生考

初为人师的我，先教了三年初中。三年的暑假作业，年级有统一要求，我只有服从。教第二轮初中时，我感到暑假作业几乎是平时作业的翻版，就自作主张"另搞一套"。我对学生说："年级布置的暑假作业，大家'挑着做'，选挑战性的题做，做多少算多少，没关系，但每人必须出一份试卷在半个月内给我，你们来考老师，想办法把老师考倒。"全班学生个个露出神秘的表情，他们从来都是"被考试"，哪有可能出题考老师？我具体布置一番后，有学生举手问："可以略超纲吗"？我佯装水平有限，笑着说："可以，可以，可别超太多啊。"

暑假里，我陆续收到来自学生的试卷。我逐一解答，并在"好题"旁圈上标记，在有特色的题旁写上批语，逐一交还或寄回给学生，让他们批改。开学了，我们班可热闹啦，大家在议论卷子，哪题被老师评为"好题"的，哪卷被老师评为"好卷"的，哪题是特色题，哪题老师"解答不完整"上当啦，哪题老师给出了好多种解法……我让数学科代表拿着登分表在学生姓名后登上我的得分，好统计我的平均分。我简单综述后，命出"好题"者说明出题经过，命出"好卷"者说明出卷过程，命出"特题"者解密拟题过程，可谓趣味盎然，高潮迭起。下课了，学生仍"不解恨"，一些学生问我："老师，什么时候还可以再考你？"我笑着说："同学们平时先互出互考，再拼装'难卷'考老师，好吗？"

"生考教师"，是我在教学中的一个创意，也是我的数学教学主张。凡事倒过来想一想，也许眼界大开。

下面就"生考教师"要注意的问题展开论述。

一是适当教给学生命题的原则和方法。

学生给老师出题，对学生命卷不能要求太高，但可以适当教给学生一些基本的原则和方法。比如，总的题量要求，选择题几题、填空题几题、解答题几题，各类题的分值多少。又如，出题不能出现错误，要分出层次、难易适度，要考察全面、兼顾重点，要注意规范、适度创新，也可以出些开放题等。再如，编选试卷时，应先从书籍、杂志、网络上选题，可适当改题，有能力的同学也可以适当编题，最后进行调整、平衡，合成一份试卷。

二是鼓励学生适当改编原始问题。

"生考教师"可以让学生体验教师的命题工作，可以破除考试的神秘感，让学生逐步领悟到"所谓考试，其实就是限定时间做作业"。教师要适当鼓励学生改编原始问题，可以告诉学生："同学们改编原始问题，就是'为难老师'，就是有意考倒老师，谁能够考倒老师，那才高明呢！"以此来激励学生改题、编题。但教师心中要有数，这种激励带来的是学生自主地进行变式训练和创新训练，是一种值得倡导的学习方法。

三是允许几位学生联合命题。

考虑到学生间的知识和能力上的差异，开始让学生命卷时也可以由几个学生组成一个编拟试卷小组，选出一个组长，大家明确任务、分别出题，由组长合成初稿，大家再进行审议，最后定稿。这种编拟试卷的过程，有点像研究性学习的过程，小组成员在编拟试卷中相互研究、相互学习，共同提高。

值得一提的是，小组命卷可以联合编拟出一份试卷，若大家有积极性，也可以多编拟几份试卷，甚至"人人有一份"，分别送交考老师。

四是支持学生"私下交流"。

学生编拟一份试卷不容易，仅用来考一位老师，"使用率太低"。教师可以适当引导学生，或四人一组相互交换试卷考之，或自愿结合相互交换试卷考之，或挂在班级网页上让"愿考者"自行下载考之。可以想象一下，这是一种怎样的学习啊！我们的考试原来是"师考生"，后来变成了"生考师"，现在又有可能变成了"生考生"了，这种"生生互动"所带来的是教师很可能意想不到的学习效应。

五是教师应给学生编拟的试卷以积极的评价。

开学后，教师一定要拿出一定的时间对学生编拟的试卷给予积极的评价，充分肯定学生编拟的好卷、好题创新点在哪，绝妙处在哪。

教师还可以请学生走上讲台，或说明编拟意图，或讲解命题，或点评教师的解答——哪些题老师给出了简洁巧妙之解，哪些题老师考虑不全面被扣分，哪些题老师思维定势"上当了"。

全班学生编拟的试卷，可以找个地方进行试卷展览，让全班学生欣赏不同风格的试卷，让学生充分了解他们的老师是如何答题的。

六是将学生试卷作为师生珍贵的教与学的资源。

学生编拟的试卷，是珍贵的教学资源，理应保存好、利用好，教师可以将这些试卷编上号码保存起来以便日后使用，有可能的话，将这些试卷中较有价值的试题变成电子版加以保存。这些试卷，既是教师珍贵的教学资源，也是班级学生珍贵的学习资源。还可以将学生的试卷变成电子版或部分变成电子版，挂在班级网上，让学生分享这些来自同学的学习资源，学生自愿地做同学的试卷具有"别样的心情"。

让学生考老师，会有很多新的改变。学生是不是不太怕考试了？老师是不是更专业了？教学资源是不是更丰富了？学生的学习积极性是不是更高了？

试一试，让学生考你几次，你和你班的学生都会有新的感受和变化。

>>> *11* >> 从小气到大气

总的说来，当下中小学课堂教学"大气不足"。这固然与现行的教育评价和考试制度有关，但也和教师的教学观念、知识积累、能力水平、文化素养等有关。即便是为了测评和升学，我们的课堂教学也完全可以大气一些。

"小气"的表现是多方面的。以数学教学为例，数学概念教学注重"掐头去尾烧（鱼）中段"的干焦面孔，而忽略了对数学知识的火热的思考；钻数学解题教学的"特技特法"，而忽略了数学解题教学的"通性通法"；以高考中考不考为由，扼杀学生对数学知识和数学问题适当延伸的渴望；不重视"选学内容"，甚至视"选学内容"为"不学内容"；等等。

案例1：某数学教师上"数列求和"课，讲了$1+2+\cdots+n=\dfrac{n(n+1)}{2}$，讲了$1^2+2^2+\cdots+n^2=\dfrac{n(n+1)(2n+1)}{6}$；讲了$1^3+2^3+\cdots+n^3=\left[\dfrac{n(n+1)}{2}\right]^2$。

这时，有学生问$1^4+2^4+\cdots+n^4=?$

这原本是学生探求问题的"生动之问"，教师理应"精彩生成"，但我听课时所听到的回答是："《考纲》规定，这类数列求和问题，只考到3次幂！"一些学生朝提问者笑了起来，我从学生笑的眼神和教师不以为意的眼神中感到他们似乎有点嘲笑那位提问题的学生。

当时我在想，老师啊，你不能扼杀学生的"追问"，哪怕他是一位平时数学学得不太好的学生，你至少也要这样说："这位同学问得好，我们以后有机会再研究这个问题。"

如果"大气"一些，你就有如下精彩的生成：

"这位同学提的问题太好了！把数学问题一般化，是研究数学的好方法！"

进一步引导学生"类比探索"：$(n+1)^4-n^4=\cdots$

案例 2：某数学教师上"复数"最后一课，书上有"小体字"的选读内容，讲复数的指数形式等。我听课时，以为老师会有"最美等式"的生动故事，没想到老师却说："大家功课紧，选读内容就不读了吧，可预习'小体字'之后的解析几何内容。"

我当时的反应是："老师啊，你不能这么'小气'，没文化啊！"

"$e^{i\pi}+1=0$"是传播"数学文化"的很好案例，也是激发学生喜爱数学的极好案例，如此"失之交臂"实在可惜！

我每次教复数时，都会这样讲：……奇巧而有趣的是，数学中的"五朵金花"——中性数 0、基数 1、虚数单位 $i$、圆周率 $\pi$、自然对数的底数 $e$，竟能开在同一棵树上，组成一个"最美的艺术插花"——$e^{i\pi}+1=0$，不可谓不绝！

我还让学生欣赏我为此写的数学小品文《数苑中的"五朵金花"》，学生在"意料之外"与"令人震惊"中又一次体验到了数学之美、数学之奇、数学之趣。

我期盼数学教学大气一些，数学的横向联系与纵向深入都需要我们大气。愿数学教师能气度不凡、不落俗套，自觉成为有"文化"的数学教师，自觉成为"数学文化"的传播者，自觉成为有"文化"的教育者。

围绕着"大气"类比开来，我们会想到其他"气"。

呼唤有智慧的课堂教学，让课堂充满"才气"。

数学教学的才气，表现在科学和艺术两个方面。数学是科学，这就要求数学教师应当具有精深的专业知识，能"透视"数学问题，解释数学规律；教学是艺术，这就要求数学教师具有娴熟的教学技能，能深入浅出、富于启发、生动活泼地传授知识，能激发学生兴趣、培养学生能力。

数学教师的才气，是数学教师"有智慧"的体现。

呼唤有活力的课堂教学，让课堂充满"朝气"。

比较中外数学课堂教学，多数人有这样一种感觉，中国数学课堂教学相对比较沉闷。数学具有高度的抽象性、严密的逻辑性和广泛的应用性，数学的抽象性和严密性，不能成为数学课堂教学沉闷的理由。抽象的东西，就不能把它讲得生动些吗？严密的东西，就不能让它妙趣些吗？

其实，数学是迷人的乐园，曾使多少探索者流连忘返，如痴着魔；数学是神奇的世界，曾使无数开拓者脑汁绞尽，驻足兴叹。只要数学教师真情投入，激情教学，就能让数学课堂不再沉闷，就能让数学课堂充满朝气。

呼唤有美感的课堂教学，让课堂充满"秀气"。

数学之美，美不胜收。维纳说："数学实质上是艺术的一种。"数学中充满着美的因素，运用审美法则在一定程度上可以帮助我们提高解题和研究问题的能力。

数学美感，能唤起良好的情感，因而会让学生感到数学学习是十分有趣的，不觉得是一种负担，一种苦役，而是一种需要，一种享受。

问题是我们无论在数学美感的发掘上，还是在数学美感的运用上，都还做得很不够。换句话说，研究"数学教学中数学美感"问题，并在数学教学中加以应用，有着宽广的前景。

呼唤有互动的课堂教学，让课堂充满"和气"。

学生是学习的主人，是学习的主体。数学教师"和气"一些，实施真正意义上的师生互动，才能营造和谐融洽的课堂氛围。

在数学教学中，教师只有以"和气"之态，才能充分调动学生认知、心理、生理、情感、行为、价值等各方面的因素，使其参与到数学学习活动中去，才能让学生进入一种全新的学习境界。

呼唤有方法的课堂教学，让课堂充满"灵气"。

"让数学课堂充满智慧的灵性"，这是数学教学的基本要求。

数学课堂的灵性，更多的是要靠数学教师"灵气"的感染。这种感染可以是一题多解、一题多变、一题多用，可以是深入浅出的巧妙解答，可以是化难为易的新奇证明，可以是教师"大智若愚"的有意差错，可以是"设置陷阱"的善意为难。

呼唤有趣味的课堂教学，让课堂充满"喜气"。

许多人听过数学课之后，都有这样一种感觉——严肃有余，"喜气"不足。

其实，只要数学教师稍微留心一下，就能找到许多可以创造"喜气"的情境。给个趣题，讲个故事，做个游戏，甚至"闹个"笑话，往往会产生意想不到的效果。

初为人师的我，数学课上得"疯疯癫癫"，形成了自己的教学特色，深受学生喜爱。记者问我有什么秘诀？我当时也没怎么细想，就说了句："每课一趣。"今天回想起来，觉得当年的回答还是蛮有道理的。当然，严格地说应该是"每课至少一趣"。

数学学科的情况，其他学科也是有的。老师们，想想你所教的学科是否有"小气"的情况，能否"大气"一些，能否"气"象万千？

# >>> 12 >> 从学科到跨科

我国绝大多数中小学教师有一门自己所教的学科，这种分学科教学相沿成习，已经成为一种思维和行动定势。师范教育，按学科分出"某某学院"或"某某系"；教师培训，按学科分类进行；省市级教研室，多数也是按学科分出"某某学科教研员"；在学校，也是按学科分出"某某教研组"；高考中考，也基本上是按学科进行的，虽说有文综理综大类，也多为"拼盘"，真正学科间的综合，微乎其微。

按学科分类进行教育教学，肯定有其好处，但"固守"学科也肯定有它的不足，"外面的世界很精彩"，何不出去看一回？

绝大多数教师和学生很少考虑学科之间的联系，其结果是必然禁锢思维的发展。学科教学的"深挖洞"，已经挖得很深，而学科教学的"广积粮"，却无"广"可言。

请问问自己或同事，你们有谁能胜任两门学科的教学？

我们很可能胜任不了两门学科的教学，补救的方法之一就是我们可以跨学科学研。

跨学科学研，就是教师有意识地跳出自己所教学科，学习、研究其他学科的知识、教师教学情况和学生学习情况，类比迁移到自己所教的学科中，以及在自己的学科教学中进行学科间的"横向联系"。

跨学科学研，至少可以先从跨学科听课、跨学科教研和跨学科阅读做起。

跨学科听课，有助于教师了解学生的整体学习情况，有助于各科教师相互学习、交流，提高自身综合素养，有助于教师了解"科际联系"，以便在自己所教学科中注意这种"联系"。音乐老师，也许可以从语文老师那里感悟到音乐教育的文化担当；语文老师，也许可以从数学老师那里感悟到思维的严密性；数学老师，也许可以从体育老师那里感悟到运动场上也有不少数学问题……

通过跨学科听课，教师学到的不仅是某一学科的教学内容，还学到了每一位执教教师尤其是名师从课堂教学中所表现出来的个人素养，如渊博的学科知识、精湛的教学技艺、深刻的教育思想、优秀的道德品质、感人的人格魅力等，而这种学习是没有学科界限的。

是啊，跳出学科看教育，眼前一片新天地。

跨学科教研，就是教师有意识地参与其他学科的教研活动，当然学校如果能组织几个教研组一起开展教研活动那就更好了。

记得有一位教师，他若参加多学科的学术会议，就会根据多学科会议的安排，找机会佯装成某学科教师，混进去听讲座或听交流，获取他科教育思想、教学经验和教学艺术，在自己所教的学科中"软着陆"。这位教师在教学中常常出新，教学水平提升很快，令人称奇。他在自己的博文中感叹道：听"他"一席话，胜教十年书！

跨学科阅读，就是教师有意识地找些其他学科的教育教学书籍或专业杂志进行阅读，还可阅读综合类教育杂志中的其他学科的文章，这样既能扩大知识面，更能获取他科研究成果，取他科之"石"，攻本科之"玉"。

类似地，中学教师阅读一些小学教育教学杂志，小学教师阅读一些中学教育教学杂志，也绝对是获益多多。

一直以来，作为数学教师的我，到图书馆翻看杂志，基本上不看数学教学类的杂志，因为我自己已经订齐了中学数学杂志，而是翻看其他学科的杂志。我发现，把其他学科中的"某某学科"用"数学学科"替换，就是一个崭新的课题，就有一个崭新的研究前景。比如，《语文教学情趣论》是一部著作，考虑《数学教学情趣论》又何尝不是一个崭新的课题？又如，《英语多维教育的理论与实践》是一篇论文，考虑《数学多维教育的理论与实践》就是一个很值得研究的问题。再如，"音乐教育：现实挑战与未来发展"是一个论坛的主题，考虑"数学教育：现实挑战与未来发展"想必也是一个不错的论坛主题。当然，不可随意替换，否则会弄出啼笑皆非的课题来。

我从教到了第十个年头时，已有不少教育教学研究成果，选题也很新颖，许多老师向我请教，当时我说了一些我的做法，但不知何故，我借他科之"石"攻数学之"玉"的做法，始终没向他人说。不仅如此，我翻看他科教育教学杂志时，往往在阅览室择一角落阅读，生怕他人发现。

今天"解密"了，老师们，跨学科学研是教师不可缺少的一种学研方式，何乐不为？

未来的人才应该具备怎样的素质？至少有一条，就是要有跨越学科的综合素养。

有校长坦言："对于学校教育来说，让学生具备这样的素质，就需要有超越学科教育的'大教育'的观念。这就需要教师从'学科人'升级为'教育人'。"

《中学教师专业标准（试行）》中基本要求的第 28 条是"了解所教学科与其他学科的联系"，这 14 个字，也从某个角度告诉我们"科际联系"是对教师的基本要求。

以数学课为例，华罗庚教授说过："哪里有'形'，哪里有'量'，哪里就有数学。宇宙之大。粒子之微，火箭之速，化工之巧，地球之变，生物之谜，日用之繁，无处不用数学。"当今世界，数学已渗透到各个领域。华老当年早已"科际联系"了。

事实上，"学科科际联系"是一个很值得研究的课题。科学发展走向高度细分化和高度综合化发展时代，中学学科教育理应"科际联系"。如果每个学科都"有机"联系其他学科，每个学科的教师都"用心"联系其他学科，学生就会整体地看问题，就会逐步学会系统思维和综合思维，就能打下一个适应未来的基础。

当然，基础教育毕竟是"基础"教育，学科间的"科际联系"也应有一个"度"。

"度"的把握，也是一门艺术。

## >>> *13* >>    从随意到诗意

李如密教授认为，教学意境是指教学过程中师生的主观情思与客观景象相结合而创造出来的情景交融、神形具备、浑然一体的艺术世界。

"意"指师生的情感、想象等主观因素，并形成一种综合形态。"境"指教学内容、教学语言、教学板书、教学仪态、教学氛围等诸要素结合而成的一种界域。有美妙意境的课堂教学，如同一幅别具美感的图画，但并非平面构图，而是一个有立体感的多重组合的艺术体，产生出动人心魄的艺术魅力，学生则在这种教学意境中健康成长。

随意的课堂教学，是缺乏意境的教学，而诗意的课堂教学，则是教学意境的一种呈现形式。

随意，随着自己的意愿；诗意，像诗里表达的那样给人以美感的意境。

"随意"的教学随处可见。我们从传统教学的十大弊端中可略见一斑：单调的"标准化"导致故步自封，统一的"程式化"导致创新匮乏，纯粹的"应试化"导致枯燥乏味，极端的"功利化"导致压抑人性，流行的"填鸭式"导致疲于应付，"重结果轻过程"导致舍本逐末，"重教法轻学法"导致南辕北辙，"重灌输轻探究"导致浅尝辄止，"重教材轻学生"导致兴趣丧失，"重知识轻能力"导致眼高手低。

怎样让课堂教学步入"诗意"境界，是每个优秀教师着力追求的教学艺术。在我看来，"诗意"教学是灵性的、有趣的、美的、有用的、惊喜的。

灵性——诗意之魂。

灵性，指人所具有的聪明才智，对事物的感受和理解的能力。

灵性的教学，课堂不再是教师表演的场所，而是师生之间交往、互动的场所，是生生交往、互动的场所；灵性的教学，课堂不是对学生进行训练的场所，而是引导学生发展的场所；灵性的教学，课堂不只是传授知识的场所，而更应该是探究知识的场所；灵性的教学，课堂不是教师教学行为模式化运作的场所，而是教师教育智慧充分展现的场所。

灵性的教学，课堂会有"突发事件"，会有教师的"失误"，会有教师对学生的"刁难"，自然生成"未曾预约的精彩"。

有趣——诗意之基。

孔子曾说："知之者不如好之者，好之者不如乐之者。"就是说，知道知识有用而去学不如爱好学习而去学，爱好学习而去学不如以学习为快乐之事而去学。"乐之"，就是兴趣。以学习为乐事，学习效果就会最佳。

许多科学家在谈到自己成功的原因时，都一再强调自己对学习有浓厚的兴趣。达尔文在自传中写道："就我在学校时期的性格来说，其中对我后来发生影响的，就是我有强烈而多样的兴趣。沉溺于自己感兴趣的东西，深入了解任何复杂的问题。"可见，兴趣是最好的老师，兴趣可以产生强大的内驱力，可以充分发挥人的聪明才智。

很美——诗意之境。

"爱美之心，人皆有之。"课堂教学理应追求美，创造美，展现美。美好的事物能给师生的身心带来愉悦和享受，也能使学生在潜移默化中获得美的熏陶，美在教学活动中是一种最能撼动人心和最富教育性的力量。

诗意课堂不能没有美，诗意课堂要"让课堂美起来"。就内容而言，有教师的仪表美、教师的人格美、教学的语言美、教学的内容美、教学的过程美、教学的情境美、教学的情感美、课堂的气氛美、教学的节奏美、教学的互动美、板书的艺术美等，每个"美"细探下去，都是一个可以深入研究的"小课题"。换个角度来说教学美，是不是可以这样说：诗意教学呼唤和谐圆融的整体美、醇厚浓郁的情感美、空谷传神的动态美……多么"美"的课堂！

还有人用诗一般的语言这样来诠释教学美：课堂教学处处充满着美，课堂教学之美，美在语言，美在形象，美在韵律，美在思辨，美在交流，美在思维，美在探索，美在发现，美在有始有终，美在张弛有度，美在断续有致，美在雅俗共赏。

有用——诗意之需。

"学以致用"，让所学知识有用，充分体现有价值的课堂教学，让学生在"用"中体悟每个学科的诗意。下面以数学学科为例，加以说明。

数学来源于生活，又应用于生活。数学家华罗庚曾经说过："宇宙之大，粒子之微，火箭之速，化工之巧，地球之变，日用之繁，无处不用数学。"这是对数学与生活的精彩描述，因此数学教师就要和学生一起玩数学、用数学、品数学。玩中激趣，用中获知，品中增智。

课程标准十分强调数学与现实生活的联系，不仅要求教材必须密切联系学生生活实际，而且要求"数学课堂教学，要紧密联系学生的生活环境，从学生的经验和已有知识出发，创设有助于学生自主学习、合作交流的情境，使学生通过观察、操作、归纳、类比、猜测、交流等活动，获得基本的数学知识和技能，进一步发展思维能力，激发学生的学习兴趣，增强学生学好数学的信心"，使他们有更多的机会从周围熟悉的事物中学习数学和理解数学，体会到数学就在身边，感受到数学的趣味和作用，体验到数学的魅力。

惊喜——诗意之法。

北京十一学校的魏勇老师认为，对学生最大的尊重应该是在课堂上给他惊喜；对学生最大的轻视，就是在课堂上表现平庸。

教师要力争在每节课中都给学生惊喜，就像给学生带来意想不到的礼物一样。如果我们的课堂中常常有一些出乎学生预料、能够让学生感觉很有收获的东西（他可能在课前想到了一些，但是没有老师在课堂上讲得那么深刻），那么他就成长了，认识就更深刻了。

"好的教学要能够给学生以'惊喜'"，江苏省教育科学研究院彭钢老师如是说。让师生在课堂中收获"惊喜"，这不仅能保持教师的职业激情，也能激发学生主动学习的欲望，最终达到师生共同成长的理想境界。

有惊喜的课堂一定会是充满诗意的课堂，优秀教师理当以积极追求有惊喜的课堂为自己的自觉行动。

# >>> 14 >> 从本本到超本

　　"本本"这里指教材，"超本"这里指超越教材。优秀教师，是用好教材又超越教材的能手。

　　教学中，要有教材，要信教材，但不唯教材，活用教材。当然，首先要重视教材对教学的指引功能，教材毕竟是由专家学者编的，是集体智慧的结晶；其次要创造性地使用教材，稳定性和通用性的教材必须与时效性和个性化相结合，才能产生新的整体效应；最后要树立大教材观，整合一切教学资源为"我"所用。

　　教材是根据课程标准组织专家编写而成的，是教师教学和学生学习最为重要的凭借。教师备课，首先要与教材对话，领悟编写意图。在当下的教学设计中，要有广义的教材观——纸质教材、视听教材和电子教材。教师要把教材作为主要的资源，积极用好这些教材，学会广泛开发教材资源，用好这些教材而非"教教科书"。

　　教师研习教材，应做好以下几方面的工作。

　　把握教材。把握了教材的特色，教师才能与教材进行真正意义上的对话，准确理解编写者的意图，进入教材的内在天地。在把握教材特色的同时，教师还应了解整套教材的基本内容和基本结构，把握教科书的知识体系。确切了解整套教材在各个年级教学内容的分布情况，统观全局，明确各部分内容的地位、作用及相互联系；在单元（或章节）与单元（或章节）之间瞻前顾后，从单元序列中看教学内容的连续性，把握教材编排的纵向联系；在单元（或章节）的内部左顾右盼，把握教材在核心素养培育等方面有哪些程度上的差别。因此，教师在备教材时，要把握课程框架结构，对本学期的课程进行整体规划，简要写出本学期的教学计划，并制订好单元教学计划。对教材要有宏观上的把握，做到心中有数，同时更要从微观着手，脚踏实地，力求实效。

吃透教材。教师要把教材放到学科系统的大背景下去审视，把教材视为一个知识领域的范本，站在作者和编者的角度，以"假如我来写"和"假如我来编"的视角深度研读教材，这样就入乎教材其内，领悟本义。教师还要从多个角度发掘教材价值，把握教材的重点、难点，以便精准施教。

激活教材。在备课时，教师应在对教材合理挖掘的过程中寻找其促进人性发展的因素，通过创造性的劳动，"打开"课本，寻找"亮点"，将死教材变成活的知识，可以同时引用其他同样题材的教材，触类旁通，使"学科"与"学科"之间成为一个"互联网"。教材上的知识是静态的，当教材在没有进入教学过程前，它只是处于知识的储备状态，为知识的传递提供了可能，因此在备课时要根据教学目标和优化课堂教学的需要，从学生的实际出发，使教材中的静态知识操作化、活动化，从而更符合学生心理，极大地增强学生的参与欲望，提高学习的主动性和积极性。

改组教材。教材不仅是学习的资源，同时也是进行学习和探索的工具。如果长期从第一篇、第一段开始，依次教学、按部就班，那么在失去时效性的同时更失去了针对性。"不变"容易导致"僵化"，教师必须保持自己处理教材的独立性和创造性，这样的教学才会勃发生机。

拓展教材。在当今社会中，教材已经不是学生可以获得的唯一学习资源，那么，如何充分利用教材这个载体，达到"不教"的效果呢？教师在备课中必须充分研究教材中可拓展的地方，引导学生将学习的范畴由教材向外延伸。教师要发挥教科书作为教材之母港的作用，以教科书为依据进一步开发教材资源，在尊重教材的基础上超越教材，从教材所呈现的知识、能力、情意等系统引发出去，向其他学科、时空开放和延伸，拓展学生的学习领域，突破传统教学的有限空间。

超越教材，包括变更教材体系，调整教材顺序，摒弃和添加某些内容，甚至自编教材。要超越教材，不做教材的"传声筒"，创造性地使用教材。创造性地使用教材，一要依据学生的情况来考量，二要根据实际的教学效果来考虑，三要结合教师自身教学特长来确定，四要以具有个性的学术眼光去透视教材，五要以批判者的视角去审视教材，六要站在教材之外看教材，从整体上把握并驾驭教材。

"我们要活的书，不要死的书；要真的书，不要假的书；要动的书，不要静的书；要用的书，不要读的书。总起来说，我们要以生活为中心的教学做指导，不要以文字为中心的教科书。"陶行知先生的一段话，让我们感受到超越教材的意境。

# >>>*15*>> 从精术到明道

术，是方法、手段和技巧。"术"是使"道"成为现实的中介工具和必需途径。万物运行都有方法和规律可循，如果方法运用得当，则事半功倍；运用失当，则功亏一篑，这便是"术"的重要性。"教精其术"是"正确的做事"，既然"术"如此重要，师者怎样才能找到合适的方法和手段，教好书育好人呢？

备好教材，心中有书；备好学生，心中有人；备好教法，心中有术；备好开头，引人入胜；备好结尾，引发探索；备好重点，有的放矢；备好难点，突破难点；备好作业，讲求实效；备好学案，渗透学法；备透理念，融会贯通；备多用寡，左右逢源；备之终身，养成习惯；备中研究，深层探索；备出意境，空谷传神……这就是备课之"术"。

每课一趣，每堂一赞，每日一题，一题多解，一题多变，一题多用，主体参与，分层优化，问题解决，贴近生活，创设情境，让生上课，有意差错，借题发挥，过程教学，分组讨论，先学后教，活用媒体……这就是教学之"术"。

对于一个欲探索的问题，可从以下几方面着手进行：从简单问题入手，从具体对象入手，从特殊情况入手，从问题反面入手，从观察联想入手，从创新构造入手，从形象直观入手，从情况分类入手，从直觉猜想入手，从问题转换入手……这就是数学解题之"术"。

给你一本《给数学迷的 500 个挑战性问题》，就可以检验你的数学解题"术"的水平，数学老师们不妨找来这本书做一做，看看你能"拿下"几题？

术精了，你离明师就不远了。

道，是道理、规律等形而上的概念。老子《道德经》有云："道生一，一生二，二生三，三生万物。"古人理解事物，都力求追本溯源，以把握事物的根本，而贯穿理解事物整个过程的就是一个"道"字。今日教育之人，理应在"道"上做足文章，因为做教育就是一个明道、悟道、得道的过程。明即明白、懂得，道即规律、原则。"教明其道"，就是明教书育人之道，就是"做正确的事"。

教育是使人成为"人"的事业，其本义是人通过教育而获得幸福。基于这样的认识，我们所说的教育之道是建立在以提升学生素质为价值取向，追求学生身心的全面发展、全体学生的共同发展、尊重学生的差异发展和学生未来的持续发展的教育观上的。

就教师而言，教育之道主要是教书之道和育人之道。

我总结的"教书之道"的新走向，标题如下：从生答到生问；从学会到会学；从"三维"到素养；从好玩到玩好；从教会到教慧；从智力到非智；从题海到题根；从无疑到生疑；从师考到生考；从本科到跨科；从随意到诗意；从本本到超本；从小气到大气……

我还总结了"育人之道"的新走向，标题如下：从一致到差异；从共性到个性；从育形到育心；从有形到无形；从理性到情感；从封闭到开放；从师导到自主；从人治到法治；从发话到对话；从讲台到平台；从智商到德商；从专管到共育；从师长到师友……

道明了，践行了，你就步入名师之列了。

依我之见，"教精其术"是师者的第一境界，"教明其道"是师者的第二境界，而"教取其势"则是师者的第三境界。

世间万物皆不出道术。道不正则术不明，术不明则道难行。今日之教育，过于追求"术"，把学科教学搞成了解题术——注重雕虫小技，而忘却了教育教学之根本。这个"根"，就是"道"。古语云："术合于道，相得益彰；道术相离，各见其害。"可见，道与术只有合而为一，才能产生更大的能量。师者，不仅要具备形于外的"术"，更要具备涵于内的"道"，做到"道术合一"。这个"度"的把握，在我看来就是"取势"。

教育之"度"，就是教育行为的恰如其分。教师只有尊重教育规律，在工作中做到心中有"度"，行在"度"中，才能使自己的教育是合理的、有效的。"教育之道，在于'度'术。"

教育教学中的示强与示弱、引趣与引深、深入与浅出、纠错与融错、讲透与留白、师讲与生讲、动脑与动手、旧媒与新媒、纲内与纲外、考生与考师、生编与师编、预设与生成、纵向与横向、课内与课外、热议与静思、传统与现代、知识与能力、智力与非智、大法与小法、通法与特法、规范与创新、导言与结语、理性与感性、教学与教"学"、"科内"与"科际"、科学与人文、理论与实践、教书与育人，你如何把握好"度"？

教取其势在于"度"，把握好"度"的教师，就是真正意义上的人师。

明师，名师，人师，是教师的三重境界。

觉醒者二：育人之新境

# >>>*01* >> 从一致到差异

"一致"的德育是相对容易的，一致的德育课程，一致的德育读本，一致的德育活动。划一模式下的统一化、标准化、同步化的德育工作有一定的作用，但人的发展是有差异的，一致是相对的，差异是绝对的，我们的德育工作还要从一致走向差异。

"尊重差异"是近年来倡导的教育理念，现代德育必将是建立在基于理解尊重学生差异基础上的德育，只有这样才能真正尊重学生的主体性，弘扬学生的主体性。

学生是发展中的人，学生的差异也不是一成不变的，学生在发展中会出现差异，我们的德育就要因"差异"而施教。"差异发展"也是时代倡导的教育理念，每个学生都有他们潜在的发展领域，我们的教育尤其是德育就要努力为学生更好地发展创造更为广阔的空间。

阅读了华国栋教授的《差异教学论》后，我对"差异教学"有了更深刻的认识。"差异教学"并不是意味着将学生间的差异扯平，"削峰填谷"，使他们齐头并进，而是提供适合学生各自特点的发展方式，促使每个学生都得到充分发展。差异教育的核心内涵是："立足于学生差异，采取适应性的教学措施，以促进每个学生的在原有基础上充分发展的目的。"

一致是相对的，差异是绝对的。学生之间的差异是客观存在的，这种差异来自遗传、环境和之前所受到的教育。

遗传给学生带来的先天禀赋有着明显的不同，学生对音乐的感悟，对数学的着迷，对运动的热爱……我们往往都能从他们的父母、家庭找到支撑的理由。我们的育人之道，似可从遗传这里找到一些思路，比如"先天遗传决定后天教育，后天教育则反作用于先天遗传。二者相辅相成，缺一不可"。

"孟母三迁"的故事告诉我们，周围环境的好坏影响着一个人的成长成才。孟母为了给儿子选择一个适于其健康成长的居住环境，不惜"三迁其家"，她的精神值得钦佩。学习环境是学生学习、成长的重要客观条件。学习环境的好坏对学习活动的效果有着重大的影响与制约作用。我们的育人之道，至少可以在家庭环境和学校环境方面不断完善，同时充分发挥学生的主观能动性，使他们适应环境、利用环境，成为环境的主人。

学生成长中每一阶段的教育都是重要的，每一阶段的教育都要遵循那一阶段的教育规律和基本要求，尽可能培育学生全面发展，尽可能让全体学生共同发展，促进学生未来的持续发展。应当说，早期教育和学前教育的差异是相对比较小的，我们一方面要引领学生在"全面且共同发展"中缩小差异，另一方面又要尊重学生的差异发展。

尊重学生的差异是承认差异。传统教育强调学生的一致性，相对忽视学生的差异性，表现为在划一的模式下育人，强调平均发展，把全面发展片面地理解为"全优"发展，不尊重学生的差异，把学习成绩欠佳的学生称为"差生"，把某一学科学习有困难的学生称为"瘸腿生"，使得这些学生一直处于失败的阴影中，以致丧失了学习的信心和动力，甚至使其人格扭曲。

师者切记："没有'差生'，只有差异。"我们一旦承认并尊重了学生的差异，这种差异将不仅会成为教书育人的丰富资源，还将会成为促进学生个体潜能发展的资源。尊重学生要从发现和尊重学生的差异开始，教师眼中不仅要有每个学生，还要有每个不同的学生。"让差异成为资源"，因为差异，所以教育丰富多彩；因为差异，课堂才会有赞赏、争辩、分享和互助；因为差异，学生才价值取向多元、学习方式多元、兴趣爱好多元。

从一致走向差异，许多学校在积极探索。

四川省广元外国语学校秉承新纪元教育集团"尊重差异，提供选择，开发潜能，多元发展"的教育理念，从学生差异出发，为学生个性发展、主动发展、充分发展，探寻差异化教育实施路径，积极破解当前学校教育困境，用行动构建起了"测量和诊断学生差异—制订学生个人发展规划—建构差异化课程体系—开发差异化校本教材—实施差异化课堂教学—进行差异化课外辅导—实行差异化考试—开展差异化评价—促进多元化发展"的差异化教育路线图,开启生命个体灵性,挖掘生命个体潜能,让每个生命绽放精彩。

尊重差异,为学生提供最适合的教育。生命个体的不同是一种合理性存在,学生个体内和个体间的差异是一种教育生态资源,是广外人开展差异化教育实践的逻辑起点。新纪元教育集团原总裁周远生认为,好教育是适合学生发展和需要的教育,是尊重学生个性差异的教育。

在广外人眼中,"尊重差异"就是要充分承认学生在学习潜能、发展基础和个性倾向等方面的差异,充分认识未来社会对人才资源的多元需求,为培养个性化发展与社会化发展相统一的有一定专长的人才打下坚实的基础。"差异化教育",是基于学生的差异,遵循教育规律和学生认知规律,提供适合学生需要,促进学生个性发展、主动发展、充分发展的教育。它以测量学生差异、了解学生需求为起点,以创造高价值、满足学生差异化需求为终点。主张关注学生个体差异,满足不同学生的发展需求;强调关注学生个体差异,开发学生优势潜能;要求教师尊重学生差异,开发和利用差异资源,实现其教育价值;要求学校提供灵活多样的课程,倡导多元评价,让每一个生命个体在原有基础上都获得最大限度的发展。

校长陈大向强调:"差异是永远存在的,教育不是为了消灭差异,也不可能消灭差异。但这种差异不再是原来的差异,而是在已有基础上的发展、提高与飞跃。"

个体差异是一种教育资源,没有学生的差异,就没有教育的发生。

# >>>02 >> 从共性到个性

"共性"的德育是必要的，抓住了"共性"，就抓住了德育工作的主要问题和主要矛盾，就能把握住德育工作的大方向。传统德育更多的是以共性为起点的德育，现代德育强调在关注共性的同时要更加关注学生的个性。

"共性"德育追求"齐步走"，"个性"德育追求"散步走"。我以为，理性的德育应当是时而"齐步走"，时而"散步走"，追求共性与个性的统一。"齐步走"解决共性问题，"散步走"解决个性问题。

学生的个性，有优点也有缺点。"尺有所短，寸有所长"，我们的德育就要"扬长避短"或"扬长补短"。学生的个性就像"世上没有完全相同的两片树叶"一样，这既给德育工作提出挑战，也为德育创新提供了广阔的探索空间。让学生"各造其极"，我们任重道远。

个性是一个人基本的精神面貌，是一个人各种心理素质的综合，包括兴趣、习惯、气质、性格、智能等方面。如果德育工作一律要求学生"齐步走"，既不符合时代的要求，也不符合学生的实际；既不现实，也是行不通的。承认学生个性心理特征的存在，并由此尊重学生的个性，让德育工作融入"散步走"的观念，是时代的呼唤，也是德育工作最切实的需要。

师者总是希望学生优点多多，缺点极少，这种愿望是好的，却是不现实的。我们在关注学生优点的同时，也不要忽视、害怕学生的缺点。每个人都有所长，也有所短。从学生个性发展的科学的学生观来看，我们应当允许学生存在缺点，既要帮助学生克服缺点，更要学会发现学生的特点，从而"因特施教"，培育人才。

"不怕有缺点，就怕没特点。"要发现学生的特点，并将学生的特点作为"潜能"来开发，教师要有"学生是动态的人，学生是发展的人，学生是可塑造的人"的认识。

学生是动态的人。第一，学生随年龄的变化而动；第二，学生随社会而动；第三，学生随环境而动；第四也是最主要的，学生随教师的教育影响而"动"。教师有了这种"动态观"，就会积极发掘学生的个性心理特征，面对学生的缺点，不会怒目相向，而是抓住学生的特点加以引导，合理教育，最终让学生"因特成才"。

学生是发展的人。学生的发展，包括学生身体的发展、心理的发展、智力的发展、阅历的发展、思想认识的发展和道德水平的发展。教师有了这种"发展观"，就会认识到学生是不断发展变化的，就会用发展的眼光来看待学生，就会大力发掘学生发展的潜力，就会给学生创造发展的条件，促进学生"尽情"地发展、全面和谐地发展。

学生是可塑造的人。说学生是可塑的人，是指学生在教师的教育影响下，通过各种教育活动，有目的有计划地被培养成为合乎一定质量规格的人，即把学生塑造成为完整的、全面发展的、社会所需要的健全的人。塑造年轻一代是教育的使命，把年轻一代培养、塑造成全面发展的人，使他们健全、健康地成长是教师的责任。

苏霍姆林斯基说："每个孩子都是一个完全特殊、独一无二的世界。"换言之，每个学生都是一个丰富多彩、千差万别的个性世界。作为教师，要善于发现每个学生的不同个性，精心呵护每一个与众不同的生命，走进他们独特的个性世界，对他们加以引导和帮助，给以悦纳和确认，予以延伸和发展，让每一个学生都能灵性生长。我们的教育，不能事事单一、处处划一、时时统一，实行简单的一个法子、一个模样、一个答案，这样势必导致千教一法、千人一面、千篇一律。说到底，仅有"一致"和"共性"的"齐步走"的教育，必然导致教育的平庸。

研究认为，通用、共性的学习指导，必须同学生的个性相结合，才能取得最佳的学习效果，达到新的学习效应。不同的学生有不同的特点和不同的天赋，教师必须"因材施教"，对个性倔强的学生，要避开锋芒，把争执不下的问题暂放一边，通过其他途径迂回解决矛盾。个性调皮的学生，机敏、灵活、亲切、热情，有兴趣爱好，但同时也伴随着情绪易于波动、做事情没有耐心等特点，教师就要在态度上、学习上、活动中多一点宽容。慢性子的学生，注意力不能集中，走神，心烦意乱，坐不住，无耐心，但他们往往诚实友善，遵守纪律，教师就要注意培养他们的时间观念，提高单位时间的利用率。个性孤僻的学生，不合群，疑心重，爱耍脾气使小性子，但往往对问题有独到的见解，思维新颖，教师就要引领他们融入集体，让他们在集体学习和活动中感受温暖，赢得赞赏。

"活而无序型"的学生，思维敏捷而深刻，有独特见解，发现问题敏锐，但思维无规律，缺乏层次和条理性，往往这儿抓一把，那儿抓一把，因而知识不够完整，缺乏系统性，常有漏洞，思维不够严密。对这类学生的学习指导是：制定切合实际的学习计划，加强学习习惯的培养，学会在一定时间内认真完成某一项学习任务；逐步按层次进行逻辑思维训练，对学习中的"失误"进行思路总结；学会有序思维的方法，克服"一看就会，一做就错"的毛病，调整思维方法，着重加强思维严谨性的训练；在培养"规律""有序""严谨"的过程中，仍保持和发展其"活"，千万不能变"活"为"死"；要注意加强意志训练，用坚强的意志战胜学习中的困难。

"不求甚解型"的学生，往往书一翻，一目十行，看了前头，想当然地推至后头，不深思其细节问题，不琢磨其原理和前后关系，满足于"大概知道"，结果考试上当多，失误多，这类人多半贪玩，坐不住板凳。对这类学生的学习指导是：加强毅力训练，学会"静下心来""耐得寂寞"，争取"坐住板凳""踏实学习"；在学习上，要加强注意力训练；养成"不放过每个细小问题"的习惯，学会"咬文嚼字"；逐步学会"粗读—细读—研读"的学习方法；克服每个问题在脑子中一闪而过的毛病。

# >>>03>> 从育形到育心

　　许多学校都在抓学生的仪容仪表，强调学生"形象美"。学生的良好形象，具有潜移默化的教育功能。学生表情得体、目光自信、健康阳光的健康之容，学生干净、得体、美观、自尊、自重、自爱的适宜之貌，学生坚贞乐观、挺拔气节、傲骨正气的性格之品，学生遵规守纪、庄重大度、合乎礼仪的行为之品，既是育形的内容，更是理想德育的追求。

　　但理想德育的追求，还要走进学生的心灵。学生的心理世界是丰富、广阔的，同时也是复杂、烦恼的（成长中的烦恼）。有效的德育，就是要从育形走向育心，远离"育心"的德育，你会觉得"工作茫然"；深入"育心"的世界，你会觉得许多难题"迎刃而解"。现代学生是诸多矛盾的统一体，现代德育就是要关注学生内心世界，特别是针对学生充满困惑和矛盾的心理特征，寻求"破解之策"。

　　心理学家、教育家威廉·詹姆斯认为，我们这一代人最大的发现是：人能改变心态，从而改变自己的一生。因此，一个成功的教师必定是学生心灵的引导者、呵护者。关注学生的内心世界，让学生以正确的心态面对学习、直面人生，是教师的重要职责。

　　从育形走向育心，是新时代教师的必然选择。"心态决定一切"，优秀教师要当好学生的"心理医生"，为学生健康成长"架设心桥"。

　　人们常常赞美天空的广袤和辽阔，而把天空和心灵相比，我们会说，比天空更广阔的是心灵。的确，当地球成了"村"时，也许世界很小，但心的领域永远都是很大的。魏书生老师有一句至理名言"处天外遥望地球很小，居体内细察心域极宽"，说的正是这个道理。学生的心灵世界是一个广阔而又迷人的天地，教师只有走进和走近学生的心理世界，洞察学生心理的变化和发展，探究其心灵和思想，才能在潜移默化中育人。

从心理学的角度看，青少年学生是诸多矛盾的统一体。他们有强烈的自我意识，但缺乏自我约束、自我监督、自我控制能力；他们有鲜明的个性，但却不会处理好与他人、社会和集体的关系；他们渴望成才，但缺少艰苦奋斗的精神；等等。有心理学专家从以下八个方面分析了当代中学生心理的"双重性"：一是思想上的开放性与内心的闭锁性；二是目标上的时代性与需求上的享乐性；三是认识上的自负性与情感上的自卑性；四是发现问题的敏感性与分析问题的偏激性；五是行动上的独立性和生活上的依赖性；六是意识上的自主性与处事上的自私性；七是思维上的求异性与心理上的逆反性；八是交往上的广泛性与情感上的冲动性。这些中学生特有的心理特征，都表明他们内心世界充满困惑和矛盾。关注学生的内心世界，是教师走向教育成功的必由之路。

朱永新教授在《理想的德育》一文中讲到"理想"德育的八个特征之一时认为，理想的德育，应该重视心灵的沟通，建立起温馨的对话场景，使心理健康教育和心理咨询活动能在学校的教育中安营扎寨。朱教授还在《理想的体育》一文中讲到"理想"体育的八个特征之一时认为，理想的体育，应该培养学生坦然面对竞争和胜不骄、败不馁的心态，学会自我心理调节和科学训练，养成健全的心理素质。朱教授还在《理想的美育》一文中谈判八个"理想"之一时认为，理想的美育，应该是"精神美育"，应该注重通过美育让学生形成完美的人格，拥有美的心灵。我们还能从朱教授《理想的劳动技术教育》一文中找到类似的话语。可见，心育诚可贵，育心价更高！

教师要提升自己的育心水平，先要"学习"。学习普通心理学，了解一些基本的心理现象；学习发展心理学，掌握学生的发展轨迹，知道每个年龄段典型的心理特点及心理发展过程中的个体差异，使教育更符合学生的心理发展规律；学习教育心理学，通过研究学生的学习问题，掌握学生学习规律，指导学生从学会走向会学；学习学校心理学，了解学生在学校中遇到的各种心理问题，掌握给学生提供辅导和帮助的科学方法。

教师育心的主要任务是：一是开展心理健康知识普及教育，使之掌握心理卫生常识，增强自我心理保健能力，从而防治心理疾病、促进心理健康；二是进行人格塑造教育，使之学会修身养性，增强自我教育能力，从而矫正不良心理品质，促进个性完美、人格健全；三是进行智能开发教育，使之乐学、会学，增强自学能力，从而纠正不良学习心理习惯，促进智能提高；四是进行人际交往教育，使之学会交往、合作，增强人际协调能力，从而减少人际冲突，促进人际和谐；五是进行积极适应教育，使之学会主动适应各种变化，增强适应能力，从而避免适应不良，促进顺利适应；六是进行正当竞争教育，使之勇于且善于竞争，增强竞争能力，避免错误竞争，促进正当竞赛；七是进行承受挫折教育，使之学会应对刺激，增强心理承受力，从而避免行为失常，具备坚强的意志；八是进行情感调适教育，使之学会科学的心理调适，增强心理调适能力，从而避免心理失衡，培养积极情感；九是进行自律自理教育，使之学会自我约束、独立处事，增强自制自主能力，从而避免放任依赖，促进主动发展；十是进行科学认知教育，使之学会思考辨别，提高认识鉴别能力，从而避免错误认识，促进理智增强。

>>> *04* >>  **从有形到无形**

有形的德育是需要的，比如德育报告会、国旗下讲话、公益劳动、德育征文等，有形德育至少有气势、有感染力、有影响力，风风火火，一次活动受益面大。

某校德育处组织学生到海滩上开展志愿活动——清理白色垃圾，该校校长却另组织一些教师有意在学校一进大门的校道上随意放些"白色垃圾"。校长和这些老师躲在暗处观望，看看志愿者学生返回学校时的情形。当志愿者学生"做完好事"从校外返回学校时，兴高采烈、浩浩荡荡地走在校道上，径直走回宿舍，竟没有一个学生弯腰拾起校道上的"白色垃圾"！

所有在暗处观望的人惊呆了！问题究竟出在哪？

我们还要追求一种无形的德育——大教无痕。全校性的考前纪律教育，是一种有形德育，班级里用"考试不作弊"猜数学名词"真分数"，就是一种无形的德育。于潜移默化里，在不知不觉中，让德育在学生无意之中渗透，实乃最高境界之德育。

德育"无形"之道，在于渗透。一是在学科教学中渗透。以数学为例，以数学的广泛应用，激励学生为建设祖国学好数学的热情；以丰富的数学内容，培养学生的辩证唯物主义观点；通过对数学美的感受，培养学生高尚的审美情操；通过数学学习的深化，培养学生的非智力品质；通过介绍数学史和数学家的光辉事迹，培养学生的奉献精神和探索精神。二是在活动中渗透。有人说，没有活动就没有德育，活动是德育的生命。这些活动至少有常规活动、针对性活动、节假日活动、品德课的拓展活动等。

德育"无形"之道，在于体验。德育不是挂在墙上的口号，而是润物细无声的滋养，落实在无形中，深耕在养成习惯中。翔宇中学基于这样的理念，将课程化德育和场馆体验式德育相结合，让德育突破传统的言传身教。学校开发了昆虫馆、灯谜馆、海洋贝壳馆、科技馆、书法教育馆等综合性场馆以及历史馆、地理馆、生物馆等学科场馆，进一步实践"体验式"德育。学校尝试通过场馆体验、文化引领让学生自己去感受、体会其中的真谛。厦门市槟榔小学校长王志勤认为："没有心灵的真正触动，没有心灵的共鸣或体验，这样的教育是苍白的。孩子是一首诗歌，值得我们一起赞美；孩子是一座宝藏，需要我们一起开掘。体验教育，让孩子展开快乐的翅膀，在乐学中乐活。"

德育"无形"之道，在于慎独。"慎"就是小心谨慎、随时戒备；"独"就是独处，独自行事。意思是说，严格控制自己的行为，不靠别人监督，自觉控制自己的行为。夜深人静时过马路，仍然走斑马线或地下通道或人行天桥，这就是"慎独"；在宾馆房间里，不小心把自己的玻璃杯摔碎了，不是随手将玻璃碎片放进垃圾桶里，而是细心地将玻璃碎片装进塑料袋或小纸袋里，用细绳扎好，然后放进垃圾桶里，这既是垃圾分类的规范，更是"慎独"之举。

德育"无形"之道，在于"慎微"。慎微，意为认真重视和正确处置细小的事情。一要正确识"小"，小处不可随便，坚持做好小事、把握好小节；二要管得住"小"，"小缺点"不管住就会成为"大缺点"，"小问题"不管住就会成为"大问题"；三要自纠"恶小"，"小错误"也是错，倘若马虎草率，放纵细枝末节，往往会酿成小过积大错；四要勤为善"小"，"小事"不小，小事做好不得了，以做好"小事"为起点，为未来做大事打下良好的基础。

德育"无形"之道，在于阅读。朱永新教授在《理想的德育》一文中认为，读书是孩子们净化灵魂、升华人格的一个非常重要的途径。通过读书来净化学生的心灵，则是强调把道德的体验、道德的感悟升华为道德的理性层次，上升到一种自觉的境界。其实，许多文学著作和社会科学作品本身就具有强大的感染力，渗透着一种无形的德育力量。例如，要讨论什么是美，什么是善，那么就要去看看雨果的《巴黎圣母院》《悲惨世界》，去读读《简·爱》《钢铁是怎样炼成的》《平凡的世界》等名著。通过阅读这些优秀的作品，必然会给学生以强烈的心灵撞击，学生会把书中弘扬和推崇的道德境界作为自己的一种自觉追求。如果一个孩子热爱读书，他会从书籍中得到心灵的慰藉，从书籍中寻找到生活的榜样，从书籍中得以净化自己的心灵，书中的人物往往会成为他生活的旗帜，书中的道理往往会成为他人生的坐标。

德育"无形"之道，在于日常。寓德育于日常管理，是非常重要的。早操、早读、课堂、课间、课间操、就餐、宿舍管理、文体活动、晚自习、就寝等，都有明确的制度、管理办法和考核方法，把德育融入到学生每一天的学习生活中去，"随风潜入夜，润物细无声"，化整为零、化大为小，从细微处入手，用具体的要求和奖惩来规范学生在校的言行。让学生从中体会德育的真谛，如早操，除了锻炼人的身体，还锻炼人的意志、塑造勤劳的性格、培养人的团结合作精神、形成人格素养。如劳动，养成劳动习惯是德育的内容之一，劳动教育，使学生树立正确的劳动观和劳动态度，劳动中可以学会分工合作，锻炼毅力。

德育"无形"之道，在于创新。烟台市牟平区第二实验小学的校园网上，有一个"无形德育"的栏目，栏目中有上百个生动的"无形德育"的创新案例，如《润物细无声》《育人育心，静待花开》《你有扶门的习惯吗？》等，"无形德育"有很大的创新空间，这个空间是有境界、有智慧、有个性、有实效、有魅力、有滋润的德育新空间。巧化德育于无形，时时都可微创新。

# >>>05>> 从理性到情感

德育工作要讲"理","不以规矩，不成方圆"，学校的学生管理制度就是"理"。许多时候，我们拿"理"去要求学生、评判事件、处理问题，从大道理说"是需要的"，但我想说，没有"理"的德育工作，"做不动"；仅有"理"的德育工作，"走不远"。

一位个矮的语文老师上课了，当他准备擦黑板时，发现黑板擦被恶作剧的学生放到了黑板顶端的木架上，个矮老师再跳也够不着，你若是这位语文老师，你会怎样和学生"论理"？可以告到班主任甚至校长那里；可以说"谁放谁拿下，否则不上课"，一场师生僵局可能发生。

而这位语文老师就暂不擦黑板了，接下来讲课"科学设计板书"：减少一些板书量，把字写得小一点，在原有板书上"加工"，整节课上下来竟可以不使用黑板擦！快下课了，语文老师掏出手绢，一边总结课文一边擦着黑板，从左边擦到右边，擦着擦着竟然让许多学生红了眼圈。当语文老师还没有走到教室休息室时，三位恶作剧的男生主动跑来当面认错。

语文老师没有和学生"论理"，他用什么打动学生？

情感！

情感，是指一个人对于自己所认识的或所操作的事物所持的态度的体验。我们日常所熟悉的喜、怒、哀、乐、爱、憎等心理表现，都属于情感范围。

学生情感，是学生对于学校教育的一种极其微妙的心理体验。成功的教师都非常注意学生情感上的细微变化，实施恰当的情感诱导。精心培植教师的良好情感，积极满足学生的情感需求，努力增强教师的亲和力，对打动学生而言至关重要。

情感管理，就是管理者以真挚的情感，增强与学生之间的情感联系和沟通，满足学生的心理需求，形成和谐融洽的学习氛围的一种管理方式。情感管理以人为本，尊重人、理解人、关心人、将心比心，经心换心，是一种符合心理规律的管理手段。班级情感管理是师生凝聚力的源泉，能培育师生亲密的人际关系，使班级成为富有人情味的学园。

教师的情感管理，是教师与学生之间的一种晓之以理、动之以情的交流方式，并非感情用事。教师情感管理要努力做到：情要真，情要切，情要久，情要美。

德育要讲"理性"，这个"理性"就是学生管理制度。制度管理有什么作用？一是规范班级常规工作。如果离开了制度，教师个人能力再强，也很难将工作深入到每个层面，管理好每项工作。只有严格执行制度，班级常规工作才能得到落实。魏书生老师的班级量化管理细则，就是规范班级工作的具体要求。二是规范学生的学习生活行为。学校制订的一系列规范，是学生的行为准则和生活准则。如果学习、生活无章可循，就会乱麻一团，各行其是。三是有利于学校各项工作有序进行，减少工作失误。有了制度，学校各项工作就有明确的目标和工作方法、工作原则，就有了具体的操作指导。

这就是我们常常说的"依法管人"。

没有"依法管人"是不行的，但仅有"依法管人"是不够的，还要"以理服人"，更要"以情感人"。

人是感情动物，以情感人的关键是将心比心，推己及人。服人之要，在以道而不以谋，在以德而不以术，在以礼而不以权。所以，敬礼于人，则人服之；敬礼于神，则神佑之；敬礼于天，则天助之。

得人心者得天下。这世上唯一不能征服的山峰是人心，唯一不能穿越的河流也是人心。但是，只要你付出了感情，你就能完成这个看似不可能完成的任务。以感情去征服人心，你将无往而不胜。

教师以情感人，有以下几个着力点：

一是发端于心，热忱待人。只有发端于心的情感，才能真正打动人。教师源于内心地热忱待人，才能唤起学生的亲和之心、安定之心、愉快之心、坦诚之心、舒适之心、自主之心、向心之心和自信之心。

二是互相理解，融洽亲情。教师要经常站在学生的角度思考问题，这样才能走进学生的心理世界，设身处地为学生着想，信任、赞美、爱护、关怀学生，多与学生进行交流，让学生也能理解教师的工作，大家相互尊重、相互关心，逐渐形成融洽的亲密关系。

三是加强联络，顺畅沟通。师生之间的沟通和协调，是情感管理的重要内容。教师要有主动与学生沟通的意识，多与学生谈心说事。当学生有意与教师交谈时，教师千万不能拒绝，而是要耐心倾听，并表情专注、自然得体与之交流。

教师以情感人，应注意以下几个问题：

一是不能因情感管理而做老好人。情感管理要求教师应是好人，但教师不能为了一味地追求情感管理的完美而去做"老好人"。对于学生学习中存在的问题，要严肃指出，大胆批评，不回避矛盾，尽可能"艺术地"妥处之，柔中有刚，刚柔相济。

二是不能因情感管理而管理失度。情感管理要注意把握好"度"，不能为讲情而讲情，无节制地"情感释放"。情感管理要与制度管理相结合，在制度管理中创生情感空间，在情感管理中守住原则"底线"，否则就可能造成管理的弱化甚至失度。

三是不能因情感管理而失去理性。教师要注意情感与理性的相互关系，没有情的说理是空洞乏力的，没有理的说情可能会流于庸俗。教师要以学生发展为重，心系学生，了解学生，尽力做到情理交融、通情达理，使情与理都能产生促进学生前行的力量。

"人非草木，孰能无情""感人心者莫先乎于情"，"管人"先"管情"。打动人心的管理，是最有效的管理；打动人心的德育，是最理想的德育。

# >>>06>> 从封闭到开放

学生的活动主要在校园内，在校园内开展德育活动必要性、可行性具备。但我们处在一个开放的时代，开放的社会呼唤开放的德育。"真空"不利于学生的成长，让学生接触社会、了解社会、认识社会，进而立志改造社会，促进社会发展，才能"让世界更美好！"

为了"安全"，有的学校严禁校外活动，限制校内活动，严控活动范围；有的学校，传统的远足、郊游也不组织了。这种消极安全观造成的后果是：学生体能低下，背离素质教育，泯灭学生天性，降低学生社会化程度。而积极安全观要辨证处理好如下关系：安全与发展的关系，小安全与大安全的关系，责任与非责任的关系，安全的"特殊"与"常规"的关系。对于可能涉及安全的活动，既不"冒险"前行，又不因噎废食，绝不能因"安全"而废了"教育"。

安全教育如此，德育工作亦然。

我们处在一个开放的时代，联合国教科文组织在《教育——财富蕴藏其中》一书中提出："新技术使人类进入了信息传播全球化的时代；它们消除了距离的障碍，正十分有效地参与塑造明日的社会。由于这些新技术，明天的社会将不同于过去的任何模式。最准确和最新的信息可以提供，而且往往可以实时地提供给地球上的任何人使用，并能达到最偏僻的地区。不久以后，人机对话的技术将使人们不仅能发送和接受信息，而且能不受距离和运作时间的限制进行对话、讨论、传递信息和知识。""纵横交错的传播网使世界随时都能听到自己的声音，从而使所有人都真正成为邻居。"

信息时代的地球成为"村"的时候，我们的教育必须打开。当今世界，封闭与隔阂已成为发展的障碍，只有打破壁垒，才能获得发展机遇。

程红兵作为校长的深圳明德实验学校的核心概念就是开放，就是"把学校打开"——通过体制、机制的打开，办学理念的打开，学校之门的打开，课程的打开，课堂的打开，评价的打开，最终是为了培养"明德正心，自由人格"的明德学子，希望明德的学生具有开阔的视野、开放的胸襟、开明的思维。

一个开放的学校，一定充满自由、民主、平等的氛围，学校的每一位成员都是学校的主人，他们都有较强的自我管理、自我教育的能力。

回归到"班级育人"这个主题，我有如下的"开放观"。

开放的班级，是学生的活动基地。班级是学生走向社会的"前站"，学生要积累生活经验、要学会与人相处、要练就奉献社会的本领，班级就成了学生步入社会的演练场所。一个开放的、积聚正能量的班集体，总是善于开展学生喜闻乐见、丰富多彩的活动，总是善于为学生提供展示才艺、历练特长的舞台。如此，我们是不是可以这样说："班级影响一生"？

开放的班级，是学生自我教育的课堂。班级开放式管理，是相对于"封闭式管理"而言的。先进的班级观的核心是开放，教育"三个面向"的指向也是开放。开放式管理，就能让班级成为学生自我管理的舞台、自我教育的课堂、自主活动的练兵场、自主学习的阶梯、自主创新的世界。这样的班级充满活力，学生康健成长。

开放的班级，是学生可以登上讲台的。"三尺讲台育桃李"，说的是教师精心培养学生。开放的班级，这"三尺讲台"学生也是可以登上的。学生可以上讲台主持班会课，可以上讲台讲演，可以上讲台争辩，可以上讲台表演，可以上讲台布置班级工作，甚至可以上讲台上课，教师大胆地放手，给学生更多的锻炼机会，搭建为学生发展天性的舞台。

开放的班级，是时而要"走出去"的。"走出去"看外面的世界，外面的世界很精彩。"走出去"，教室不仅仅是一间 house（房屋），更应该成为 home（家庭）。教室是一段旅程、一缕记忆。近年倡导的"研学旅行"，就是要让学生"走出去"。"纸上得来终觉浅，绝知此事要躬行。""读万卷书，行万里路。"研学旅行，对于学生了解国情、热爱祖国、开阔眼界、增长知识，从而提高社会责任感、创新精神和实践能力，实现全面发展十分有益。值得注意的是，研学旅行，目的是育人，不能异化为学生之间互相攀比的谈资，不能异化为重旅游、轻教学的玩闹。研学旅行重在"研"不在"旅"。

开放的班级，是时而要"请进来"的。把班级打开，把能人请进来。班主任的各种教育，不仅可以自己做，在某些领域，也可以请对这个领域有研究的其他班主任或一般教师来进行；任课教师的某个专题的教学，也可以请对这个专题有研究的本校或外校的教师来讲；有些家长本身就是某一方面的专家，完全可以挑选一些内容请家长来讲，沟通得好，绝大多数家长是非常乐意来上课的；有些专家有很好的育人经验，教师就可以请他们走进校园，结合学生的情况开展教育。

开放的班级，是与社会紧密联系的。"两耳不闻窗外事，一心只读圣贤书"的班级是封闭的。开放的班级，既是学生社会化的演练场，也是学生认识社会的一扇窗口，还是学生走向社会的跳板。学生虽然"身在班级"，却"心在世界"。他们的视角，从班级到学校，从学校到社会，从农村到城市，从中国到世界，从现今到未来，呈现出多侧面、全方位、立体化的宽阔视域，学生能在班级中感受到社会脉搏的跳动。

## >>>07>> 从师导到自主

　　教育的目的是实现人的自我教育。通俗地讲，自我教育就是自己对自己的教育，它是一种很重要的德育方法。

　　自我教育的主要形式有自我反省、自我评价、自我学习、自我锻炼、自己管理自己。

　　指导学生自我教育的基本要求有：第一，激发学生自我教育的愿望；第二，善于创设有利的道德情境，组织各种社会实践活动，发展受教育者自我认识、自我激励、自我监督、自我控制、自我管理的能力；第三，善于把个体的自我教育同集体、国家的教育有机地结合起来。

　　有研究表明，如果仅仅依靠班主任自身的努力，在一般情况下发挥其才能的预期值约占实际能力的60%，而成功的管理，可使成员能力提高40%。成功的管理最重要的是学生的自主管理。要实现班集体学习和行为上的目标管理高度统一，并长期保持较强的凝聚力、战斗力，就必须让学生自己管好自己，变"他控"为"自控"，达到"他控"与"自控"的辩证统一。

　　郑学志老师在他主持的自主化教育管理实验课题中这样说："自主化教育管理实验，说白了就是教师要学会做甩手掌柜，如果我们思想意识里不彻底相信孩子，不相信学生能行，这个课题肯定做不好。"打破教育外在条条框框的限制，让教师做一个幸福的"教育旁观者"，还学生以自我成长的广阔空间，是未来教育发展的必然方向。

　　教育要适当"放手"。在我看来，从"牵手"到"放手"，就是从师导到自主的过程。班级管理也好，德育工作也罢，都要从"管"到"理"再到

"导"，换句话说就是从"管而理之"到"理而导之"。

教师要严格管理班级，但这并不是说要成为"严管型"的教师。"严管"之师，对学生总是严加管教，总是抓住学生的问题不放，轻则谈心批评，重则上纲上线。这种"管"，轻视了学生主体在规范接受中的"自我内化"，很有可能导致学生形成"唯师"与"听话"的奴性人格，最终失去"自我"。"严管型"的教师，要努力走向"智管"。

"智管"，既要"管"，又要"理"。"既管之，又理之"，"管而理之"方致远。管理，"管"是前提，不"管"，势必一事无成，而"理"是保证，师者倘若只"管"不"理"，那么管理成效就难以保证。把班级的事情理清楚，理出头绪，理出层次，理出有效的运行机制。如此有为之"理"，似可达成无为之"管"。

著名企业家鲁冠球曾说："管理总有侧重，过去我们重'管'，强调权力归属，指挥与服从，体现约束。现在我们重'理'，强调尊重规律，简洁顺畅，体现和谐。这是进步，也是趋势，顺之昌，逆之亡。重管轻理乃至管而不理，只能事倍功半甚至适得其反。依理而治，通过顺其心而理其行，使员工目标明确、自我管理、自我激励，把个人价值与企业价值紧密结合，使管理达到无为而治的最高境界。"企业管理如此，班级管理亦然。

杜威曾指出："我们现在要谈到教育职能的种种作用中的一种，这就是指导、控制或扶导的作用。在这三个名词里面，'扶导'这个词最能表达这样一种观念：共同地扶助每个儿童的天然能力。'控制'这个词意味着，从外部施加影响力，即令碰着来自受导者的阻力，仍然干预下去。'指导'这个词，是介乎前两者之间的概念，它的涵义是指，使受导的儿童的活动倾向，纳入一定的连续不断的轨道，而不至于漫无目的。指导的观念，从一个极端说，是指向导性的扶助；从另一个极端说，则意味着构成调节或控制的根本性职分。但是，我们无论如何必须避免在强制的意义上使用'控制'这个概念。"

杜威的这段话，告诉我们这样一个道理，师者的"管而理之"还要走向"理而导之"。师之"导"，包括指导、引导和辅导。指导，着眼于指明方向，教师在前面指；引导，着眼于引领前进，教师在旁边带；辅导，着眼于辅助发展，教师在后边推。

指导、引导、辅导，导向学生"当家做主"。班级管理的最高境界，是学生的自主管理与自我管理。自主管理，是指学生自己管理自己的班级，整个班级的群体管理、班集体建设，亦即班级的一切事情，全班学生说了算；自我管理，是指学生学会自己管理自己，这是作为班级成员的每个学生自身的个体管理。班级自主管理与学生自我管理两者的结合，就是现代班级管理。

学生群体的班级自主管理和个体的学生自我管理，两者相辅相成。通过班级的自主管理，让学生形成民主意识和民主作风；通过学生之间的互动，让学生学会竞争与协作，学会共同生活，促进学生的社会化进程；通过学生的自我管理、自我教育、自我学习发展学生的个性，培养学生的主体意识，突出学生的自我选择、自我参与、自我修养、自我判断。

《学会生存》一书中提出："未来的学校，必须把教育的对象变成自己教育自己的主体，受教育的人必须成为教育他自己的人，别人的教育必须成为这个人自己的教育。""让全体学生当家做主"，正是让学生由别人的教育成为自己的教育，引导学生走向主体性的确立和自我价值的实现，促进他们由自发到自觉、由他律到自律、由他教到自教的转化。

从某种意义上说，师者的全部工作，就是如何让"师导"之效达成学生的"自主"。让全体学生当家做主，师者还有许多创新空间。

# >>>08>> 从人治到文治

　　无论是班主任还是任课教师，无论是带班还是学科教学，教师个人的人格魅力和学识魅力起着非常重要的作用，表现为对班级或教学计划的执行、班级或教学活动的组织和学生成长的引领。套用"一个好校长就是一所好学校"这句使用频率颇高的话，我们绝对可以说"一个好的班主任就会带出一个好班级"，这就是"人治"。

　　但再好的"人治"，在处理问题时也要有规可循，也要规范运作，否则，就会有随意性，就会宽严把握不准。这就要求班级管理和教学管理都应建章立制，让管理走向"法治"。著名教育改革家魏书生老师带班，就建立了一套行之有效的班规班法。班级发生的各种问题，都可以在班规班法中找到解决问题的条款，让班级管理和学科管理"自动化"。

　　但"法治"只能保证最基本的要求，是一种刚性的他律，是"无情"的。德育管理的高境界要求，还需要全校师生有共同的精神追求和共同的价值观，这就需要文化的引领，这就要求德育管理走向"文治"，走向"有情"，走向"不管"。

　　"文治"的实质是"人化管理"，是以人为出发点，并以人的价值实现为最终管理目的的尊重人性的德育管理。如果说"法治"是理性化的德育管理，那么"文治"是人性化的管理。尊重人，关心人，培养人，激励人，开发人的潜力，成为"文治"的关键。

　　"文治"管理中，教师像导师和朋友，属于育才型教师，而不是指挥型教师，更不是严管型教师。"文治"使德育管理由以硬管理为主，走向以软管理为主，软硬结合，这是德育管理的软化趋势。

"人治"是弹性的，是靠专制维持的。"人治"，简单地说，就是人为治理，也就是说在管理中不根据客观规律和实际，凭个人或少数人的主观意愿决断并处理事务。班级管理中的"人治"，指的是在班级管理中班主任没有真正把学生放在主体位置上，而是把学生看成"管教"的对象，把班级看成"我的班级"，常常根据自己的主观意愿、自己的"灵感"处理班级事务。学生很少有发言的权利，参与的机会也很少，更谈不上主动性、积极性、创造性的发挥，学生只能处于被动、应付、服从的状态中。

班主任的"人治"现象表现在，随意停违纪学生的课，随意叫学生家长到校听训，随意罚学生抄写、跑步、劳动等，有的班主任还有罚款或体罚学生等现象，凡此种种，累了班主任，又损了班主任自身的形象。学生的权利被剥夺，发展空间被挤压，学生对老师的尊重和信赖也渐渐消失。

"法治"是刚性的，是用民主夯实的。俗话说得好："国有国法，家有家规。""没有规矩，不成方圆。"如果没有游戏规则，游戏就不能进行。如果没有"法"作保障，大到国家小到班级也就得不到有效治理。时代的发展、社会的进步、教育的理性回归，都要求班级管理摒弃"人治"、走向"法治"。

以法治班，就是建立班级的规章制度，增强师生的民主法制意识，培养师生依法办事的能力，就是师生自觉用规范来约束自己，成为摆脱动物的自然性而具有社会性的人。事实上，学生自身也是十分欢迎民主化、科学化、规范化的班级管理的。有专家就"学生对班主任做思想教育工作的形式喜欢与否"作过一次微型调查，结果如下：谈话法，100%肯定；活动法，95%肯定；灌输法，60%肯定；规章法，100%肯定；强制或压服，100%否定。

"文治"是柔性的，是以文化引领的。班级工作，从制度管理走向文化管理，是一大进步。"文治"，依靠人文关怀等激励手段调动、激活行为主体的内在需求和动力，追求主动发展。"文治"，着眼于管理人的思想（信念和价值观），间接地影响人的行为，即以文化来治理，"文治"的新理念——文化就是力量。"文治"，以内激为主，着重满足学生的自尊和自我实现需要，依赖于学习生活本身的魅力。"文治"，依靠思想的交流，价值观的认同，感情的互动和风气的熏陶，即依靠非强制性和非物质手段的投入。

从精神渊源、本质、开放性、管理特点、约束范围等方面来说，"文治"都有人治、法治无法比拟的优越性，尤其从人性的角度讲，"文治"能满足人的内心精神需求，最大程度激发人的内在潜能，这是被事实一再证明了的一条管理真谛。

"文治"的五个管理要素是价值管理、人性管理、激励管理、情感管理、团队管理。这里以"激励"管理为例简要说明。

教育教学中对学生的激励是十分重要的。其实，任何人在任何时候的行为都离不开认可、赞许和激励。激励是人前进的推进器，是调动人的积极性和挖掘人的潜能的重要方式。

对学生的激励方式是多样的：可以是一个信任的目光；可以是同学和老师情不自禁的掌声；可以是一次鼓励式的交谈；可以是家长的拍肩膀："孩子，好样的"；可以是红榜表扬；可以是"作业批语"的赞许；等等。当然，如果学生能自我激励，那就更好了。因为靠别人的激励总是不长久的，从自己心底迸发出的自我激励之情，才是走向成功的持久动力。

在班级管理上，一个优秀的班主任应摒弃"人治"，精通"法治"，追求"文治"。

## >>>09>> 从发话到对话

"发话",指给予口头指示;口头上提出警告或要求。

我当学生时,教育情境不像现在,教师"发话"的情况还是比较多的。比如,小学班主任说:"这次春游,我提如下几点要求……";初中班主任说:"考试不能保证100分的人,你就别给我提前交卷……";高中班主任说:"这次运动会,我们班要力争总分第一,我们要从以下几个方面努力……";师专班主任说:"明天就要到中学去实习了,我宣布几条纪律……"。那时的学生,总体比较听老师的话,老师怎么说,我们也就按老师说的去做,班主任的"发话"还是很起作用的。

如今的情况发生了许多变化,不是说教师不能"发话",而是说教师能和学生"对话"应该更好些。开放的社会、开放的班级呼唤"对话",教育新理念呼唤"对话","以学生为主体"的思想呼唤"对话",培养学生的创新能力呼唤"对话","让学生灵性生长"也呼唤"对话"。

"对话"即两个或更多的人用语言交谈,对话是人交流的主要形态之一。

"用语言交谈"就不是教师的"独白"。

班级工作的新思维告诉我们,班主任要"对话"而不是进行"独白"。尽管班主任要强调工作,要传递信息,要比学生知道得更多,但同样重要的是班主任更需要"倾听"学生的声音。这种"倾听"可以是倾听他们的问题、他们的想法、他们的困境、他们的意见、他们的"另类思维"。

魏书生老师在谈如何做学生思想工作时说:"埋怨学生难教育,常常是我们自己方法少。"他认为班主任应该时刻抑制自我中心意识,把自己放到和学生平等的地位，在教书育人过程中时刻把学生当"助手"，一切与学生有关的事情都要和学生"商量商量"。

教师与学生"商量商量"，就是教师与学生"对话"。

师生"对话"，多给学生一些民主。民主是班级管理工作开展的必备条件，在班级管理中越是压制学生，越是激起学生的逆反心理，最终效果很可能适得其反。只有尊重学生的民主权利，让学生充分表达自己的思想，才能建立起"自觉而强大的集体"。

师生"对话"，多给学生一些自主。斯宾塞在《教育论》中说："记住你管教的同学应该是一个能够自治的人，而不是一个要别人来管理的人。"班主任只有在班级管理中少一些包办，多给学生自主选择的机会，减少"发话"，通过"对话"，才能使育人之效倍增。

师生"对话"，多给学生一些激励。"对话"虽然让学生的民主意识、自主意识增强了，但这并不意味着班主任可以完全"放手"，班主任更要多一分理解、多一分关爱、多一分期待、多一分宽容，多肯定、少否定（对一些稍有偏差的想法，班主任要委婉地点拨），更多地站在学生的立场上思考，学生的民主能力和自主能力就能在教师的激励中得到提升。

师生"对话"，体现教育平等。平等，是"对话"最根本的原则，如果没有平等，就毫无"对话"可言。"发话"，给学生的感觉是教师高高在上，学生不能和教师交谈，师生之间处于不平等的地位。"对话"，学生就能在轻松的环境中畅所欲言，共谋班级事务。

师生"对话"，体现班级开放。开放的班级，是呼唤"对话"的班级。班主任（包含任课教师和生管教师）可以与学生个体"对话"，可以与部分学生"对话"，可以与全体学生"对话"，可以与学生家长"对话"，这样的"对话"，就将"班级人"——教师、学生、家长置于一个"群言堂"的开放空间，大家才能各抒己见，各论其道。

师生"对话"，体现师生互动。"发话"，是教师一个人的"独角戏"，学生没有言语权，很少有机会发表自己的想法。师生之间平等"对话"，就能使师生在"对话"互动中实现彼此理解，同时使心灵、情感得到沟通。要说明的是，这种互动还体现在学生群体间的"生生互动"。

师生"对话"，体现辩争创生。"对话"，主要目的不在于统一思想，而在于思想的碰撞、视野的拓展。"对话"，可以有异见，可以适度"冲撞"，但更多的是互补。激活思维倡导创新，开放地吸纳他人的观点，包容不同见解，具有新意义的"真知灼见"将在这样的"对话"中生成。

"对话"，让思想成为活水。"对话"犹如泉眼，催生出汩汩的思想之水。"对话"开启了沟通的渠道，思想不再如一潭死水，活水在渠道里汇聚、激荡、奔涌，这"源头活水"将浸润着步入"清如许"的班级新境。

"对话"，让班级集聚智慧。班主任大小算个"官"，他的学生可以理解为"民"。"民意不可不听，民智不可不聚，民情不可不察"，"对话"可以完成这三个"不可不"，尤其是集聚学生智慧。

"对话"，让学生个性张扬。"对话"是开放的，是让学生尽可能发挥自己的能力去分析问题、解决问题，让学生自由地表达思想和情感，让学生个性充分展现，让师与生、生与生的思维交锋、碰撞和交融，进而获得更深刻、更完善的新感悟。

"对话"，让师生相得益彰。"对话"是师生之间相得益彰的教育活动，平等的师生关系打破了师者的权威地位，师生充分沟通、交流、探讨、反思，和谐共进，师生都在这种"生态平衡"中获益。

# >>> 10 >> 从专管到共育

专管，在这里指的是班主任自己专门管理自己的班级。共育，就是班主任要善于"借力"，借助任课教师、生管人员、班级学生、学生家长、社区人员等共同管理班级，合力实施教育。

班主任是班级管理的"第一责任人"，但这并不意味着班主任是班级管理的"唯一责任人"，班主任要充分而巧妙地用好与班级有关的"人力资源"，达成共育。

在现有的制度下，班主任往往"单兵作战"，学校"全员育人"实则成了"班主任育人"，任课教师"重教书轻育人"的现象突出。一些学校开始探索并积极进行"班级组"实验，改革班主任工作制度。

班级组的工作目标是，围绕年级级部工作，同时结合本班级组特点相对独立、灵活、创造性地开展工作，以促进班级优良班风、学风的形成，最终为学校落实到班级的各项管理、学习目标的完成提供保障。班级组一般由班主任担任组长，负责整个班级组工作的协调，任课教师参与班级管理，负责德育、智育、体育、美育、劳动技术教育、心理教育等具体工作。班级组工作的最大特点，就是让每位教师都参与到班级管理工作，让合作变成合力。全员管理、全员育人、分工协作、各展其长。

班主任所在学校如果还没有进行"班级组"实验，我觉得班主任可以积极尝试进行类似的工作——构建"全员育人"的班级管理共同体，这个"共同体"可略拓展些，融入班级学生、学生家长和社区人员。

任课教师和学生"亲密接触"，在所在学科的教学中展示魅力。不少任课教师都有一些喜爱他的学生，班主任要充分营创班级管理共同体文化，让任课教师发挥独特的育人功效，引领任课教师既教书又育人。"多管闲事"的任课教师，既减轻了班主任的负担，又对自己所教的学科益处多多。整个班学生的学习自觉上来了，整体素质提高了，还有哪科学不好？

有一些寄宿制学校，在学生集体宿舍会配备生管人员，班主任不可忽视学生良好宿舍文化的建设，可借生管人员之力，研究学生宿舍管理中的育人内涵，在学生宿舍的日常管理、行为规范管理、检查与奖惩中融入育人功能。学生宿舍是寄宿生学习生活的重要场所，也是学生思想道德素质养成和社会实践能力增长不可或缺的特殊场所，利用得好就会有成效。

班级学生也是可以共同管理班级的。一个优秀班主任，往往也是一个会"偷懒"的班主任。学生主持会议，并不会比老师主持得差；学生处理网络问题，常常超越老师；学生进行励志演讲，也许比老师讲得好。放手让学生管理班级，班级会有一种新景象。当学生成为班级的主人时，其综合素养也得以极大地提升。

人类教育形成的三种形态是：家庭教育、社区教育、学校教育。

家庭教育是学校教育和社区教育的基础，也是学校教育的重要补充。父母是孩子的启蒙者，说明家庭教育具有先导性；父母与孩子之间有天然的血缘关系，易产生情感上的共鸣，因此家庭教育具有感染性；"知子莫如父，知女莫如母"，说明家庭教育应充分重视其针对性；家庭教育的地位与学校教育中教师要面对几十名学生相比，家庭教育更具有个别性。

社区教育，指的是以一定地域为界，学校与社区具有共同的教育价值观和参与意识，并且双向服务，互惠互利，学校服务于社区，社区依赖于学校，旨在促进社区经济、文化和教育协调发展的一种组织体制。社区教育的实质是教育的社会化与社会的教育化的统一，社区教育具有开放性、群众性、多样性、补偿性、实用性和融合性等特点。

家校社共育，是指学校、家庭、社会三种教育力量相互联系、相互协调、相互沟通，统一教育方向，形成以学校教育为主体，以家庭教育为基础，以社区教育为依托的共同育人的力量，使学校、家庭、社区教育一体化，以提高教育活动实效。

优秀班主任往往会积极整合"三育"功能，充分发挥互补作用，达至高效育人之境。

家长的教育资源是丰富的。由于家长涉及面广，几乎各行各业都有，利用的好对教育工作是十分有益的。可以通过家长会、家长委员会、家长学校等形式，做好家校共育工作；可以请事业有成的家长作"成功之路""阅读的境界"之类的报告，帮助学生树立远大志向，激发学生为成才而奋斗的豪情；可以请医药卫生（包括心理医生）方面的家长，帮助做好学生防病治病，进行心理辅导、咨询和矫正等工作；可以请在高校工作的家长，为学生介绍高考专业设置及发展前景；更多的家长，可为学生提供参观、学习、实践等场所，让学生接触社会，开阔眼界。此外，你的工作做得好，家长会真心诚意地宣传你，他们就是你良好的口碑。

社区的教育资源也是很丰富的。社区教育资源，可以促使学校教育的突破、拓展、延伸，班主任也要合理地利用。如社区举行的科普、文艺、体育等活动，学生可走出学校，走到社区中参与活动；又如让学生参加普法宣传活动，到开放法院、法庭去，让学生对"法"有更直观更深刻的认识；再如请社区的优秀人物为学生讲社会主义核心价值观或其他主题，身边人物现身说法，学生容易产生共鸣，具有良好的示范效应。

班主任个人的能力终归有限，合理借力，让"全员"来"共育"，就能更有效地促进学生健康成长。

>>> *11* >> **从师长到师友**


　　今天的德育工作者，应该是学生的朋友。时代呼唤新型的师生关系，新型的师生关系中教师和学生在人格上是平等的、在交互活动中是民主的、在相处的氛围中是和谐的。

　　法国著名教育家卢梭曾经说过："只有成为学生的知心朋友，才能做一名真正的教师。"

　　真正的教师，应是学生的朋友，优秀教师更应做到。不是说我们不再是学生的老师，而是说我们和学生的关系是"亦师亦友"，换句话说，我们在作为一个教师的同时，更应该成为学生的朋友。

　　时代的发展，学生的活跃，都将促使教师面临新的挑战。

　　作为"生之师"，教师应成为全面关心学生成长的"重要他人"。教师毕竟是教师，要起到组织、引导、协调的作用，教师是"平等中的首席"。教师还要"身在其中，心在其外"。身在学生其中，不能忘了自己的身份，要多了解德育工作的主要矛盾所在，了解学生的思想，掌握德育的现状，更要多和学生共谋解决问题的思路、创意和具体路径，让班级工作步入新境。

　　说到"首席"，郑杰在《首席教师》一书中有这样一段话：


　　你可能要问，为什么我们这些工作坊的成员被称为"首席"，而不把我们称为"组长"或"骨干"？我想从"首席"这个称呼中，你们可以理解我的用意。我选择"首席"这个词，是要体现你在你的团队内与同事们是一种平等的关系而又能起到引领的作用。

是啊，在班级这样一个团队中，班主任和学生也是一种平等的关系而班主任又能起到引领的作用。这种引领，更多的是价值引领、方向引领和文化引领。

作为"生之友"，教师要以民主、平等、公正的心态来开展德育工作，魏书生老师在这方面为我们树立了榜样。教育民主，平等待生，公正处事，这不仅是教育规律的内在要求，更是现代德育理念，同时也能强化学生的民主、平等、公正意识，有利于学生一生的发展。

教师作为"生之师"，"那是当然"。但若不会成为"生之友"，其教育教学效果就要打折。诚如苏霍姆林斯基所说："我敢拿脑袋担保：如果学生不愿意把自己的欢乐和痛苦告诉教师，不愿意与教师开诚相见，那么，讨论任何教育都总归是可笑的，任何教育都是不可能有的。"

要真正成为"生之友"，也不是一件容易的事。其一，教师要放下"师道尊严"的架子，不总以教育者自居，要与学生站在同一个层面上讨论问题和处理事件；其二，教师要有平等意识，允许学生在讨论问题时持反对意见，允许学生申辩，允许学生与你"平等对话"；其三，教师要了解学生的心理动态，教师的言行尽量能与学生的心理"合拍"，尽量减少"代沟"；其四，教师要尊重学生，"尊人者，人尊之"，教师要尽量保护学生的自尊心，期待有更好的教育效果；其五，教师要学会宽容学生，不能时时都用"严师出高徒"求全责备，该容人处且容人，静待花开也许效果更好。

师者作为"生之友"，换位思考很重要。如果你站在学生的立场去考虑，那么很多事情就容易理解，且往往能顺利解决。只有设身处地体察学生的思想感情、学习生活，努力克服"自我中心"的倾向，常把自己放在学生的位置去思考、体验，不断调整自己的教育内容和方法，学生才会信赖你，向你敞开心扉，教师也才能走进学生的心灵，真正成为学生的良师益友！

当然，与生为友，还要注意几个问题：一是处理好"生之师"与"生之友"的度的问题，找到师友之间的"黄金分割点"；二是"一碗水要端平"，原则上要与所有学生为友，而不是和部分学生为友；三是若有"问题学生"，可以和他们更"亲近些";四是师友关系主要围绕学习生活展开，不能庸俗化;五是"与生为友"并不是说不能批评学生，"建立在批评之上的"的友谊才是更珍贵的友谊;六是"生之友"既有师生自然生成的一面，又有教师自觉而为的一面，后者虽是"自觉"而为但仍宜"自然"切入，师者当细心品悟。

有位教师在他的博客中这样说：

与生为友，让我的课堂教学轻松自如，生动活泼。师生间没有了隔阂，多出了默契，课堂上没有了无言的沉闷和压抑，多了学生积极的响应与配合。少了老师的独角戏，变成了学生主演，老师主导，师生共同表演的多幕剧。给学生一个和谐轻松舒适的学习环境，可以让我在一个轻松和谐的教学环境中轻松地教学。

与生为友，让我心态更加年轻，成天面对着这群无忧无虑、天真烂漫的孩子，被他们的青春气息包围着、感染着、打动着、影响着，烦恼少了，笑声多了，怎能不保持一颗轻舞飞扬的心，恨不能重新树立起远大理想，放飞落草多年的希望。

与生为友，让我用孩子的视角来看问题。"菩提本无树，明镜亦非台，本来无一物，何处惹尘埃。"孩子用单纯的眼睛看问题，也让我学到了简单看问题的好处，让我的心绪少了几分波澜，多了几分宁静。烦恼由己生，庸人自扰之。

与生为友，我不再把上课作为负担，不再把走向教室视为畏途，不再闹心、烦心，而是把上课当成是在做一场快乐的游戏，游戏的主角是我与学生，课堂教学就是我们嬉戏的过程。

与生为友，让我的生活充满快乐，洒满阳光，铺满鲜花，心中偶生的芥蒂在一节轻松活泼、充满笑声的课后就会慢慢淡忘，成为调整情绪的手段。

是啊！有师为友的学生是幸运的，与生为友的教师是幸福的。

# >>> *12* >> 从讲台到平台

说到"讲台"，我们会有很多赞语。比如，"情系讲台，爱洒校园"；"讲台虽小含宇宙"；"一根粉笔绘中华未来，三尺讲台塑神州新人"；等等。

有学生这样说："讲台上的老师，您总是站着，我坐在座位上望着您，就像望着一棵大树。我们是树上的花朵，是您让我们变成秋天的果实。讲台上的老师，您总是站着，宽敞的教室里，您的位置在哪里，后来，我才明白，您的位置在我们心里。"

有教师这样说："三尺讲台，是我们默默耕耘的土地，扎根这片土地，是我们的光荣和自豪！我们既然选择了这份职业，就把自己的青春、理想、信念、智慧毫不保留地奉献给它而无怨无悔！提到讲台大家一定不陌生，虽然它只是一个看似寻常的三尺讲台，但我认为讲台是每位教师在课堂上实现自身价值的地方，也是与学生进行心与心的沟通交流并且给学生传道授业解惑的平台。"

是啊，"三尺讲台"既是教师崇高职业的象征，又承载着教书育人的诸多功能。

随着时代的发展，师生交流除了"讲台"，还有新的路径，比如网络、微信等，教育正悄悄发生一场革命，这场"革命"来自教育信息化的浪潮。当下的教师，要有"互联网＋教育"的意识，就要学会互联网思维，就要充分利用好"互联网"这个平台，达到新时代育人的新境界。

从讲台到平台，这个"平台"，包括讲台，也包括网络、微信、短信、微博等。讲台往往是"单向"的，而平台往往是"多向"的，平台视界何其宽！

人类已进入了读网时代。

在21世纪，网络正在由一个崭新事物快速发展成为与大众生活息息相关、密不可分的一部分。网络的出现和发展对人类社会产生了前所未有的促进作用，而与网络相应诞生的网络文化必将迅速扩展，影响到社会的前行和发展。

"网络化"已经成为人们进行各项社会活动的主要形态之一，网络正在改变着人们的行为方式、思维方式和学习方式，对信息资源的充分共享和信息资源的快速传递起到不可替代的巨大作用，并且蕴藏着无尽的潜能。

网络为我们营造了另外一个生存的世界，而人们在这个世界中已经活得更加如鱼得水！我们可以享受得更多，但我们也必须承担得更多。

当我们大踏步进入网络时代，网络种种便利给人带来难以言喻的狂喜之时，也遇到了前所未有的道德困境：人身相互攻击、漫骂有之；剽窃、修改、转帖他人文章有之；假新闻、假信息有之；网络色情、暴力、赌博、诈骗有之；网络黑客亦有之。所有这些都告诉我们，网络是把双刃剑。

我们绝不会因为网络有负面影响而阻止青少年在"网海"里遨游，事实上想阻止也阻止不了。我们既要掌握网络技术，学习网络文化，又要加强网络安全学习、抵制网络不良诱惑。

在德育信息化的背景下，催生了"互联网＋德育"即"网络德育"的新课题。网络德育，是以网络为载体，以网络的本质和影响为基础，促进网民形成良好的品德、素质和道德观念的虚拟活动，包括利用网络信息资源开展的学生思想品德教育，也包括针对学生出现的思想道德问题进行的教育。

网络德育，必然充实德育工作的内容，由课堂内延伸到课堂外，由校园内延伸到校园外，由国内延伸到国外。网络平台，有力推进了德育工作的现代化，不仅可以传输文字和图片，而且可以传输声音和影像，极大地丰富了德育工作的内容，给学校德育注入了新的活力。网络成为学生获取知识、表达心声和思辨争锋的平台。因此，我们一方面要积极在网络上开通德育专页，因势利导实施育德；另一方面，要整合各方资源，以丰富的内容吸引学生。

有人提出"网络德育"应遵循的几个原则：一是育德性和系统性相结合

的原则，这里的"系统性"指的是系统地向学生进行科学的世界观、人生观、价值观教育，引导青少年学生树立正确的理想、信念和强烈的报效祖国、服务人民的决心，培养学生的创新精神和实践能力。二是生动性和趣味性相结合的原则，将德育内容由静态的文字书本，变成动态的多媒体软件，既生动又有趣。三是仿真性和主体性相结合的原则，可以借助游戏这种仿真性和主体性的特点，将德育某一主题设计成虚拟校园、社区、家庭，让学生体验在不同的道德观念支配下的不同行为反应将导致不同的行为结果。四是交互性和开放性相结合的原则，人人交互是一对一、一对多和多对多的双向交流；人机交互，则是设计者针对某一德育专题预先设计好以实际道德事件为基础的激动人心的、虚拟的道德情境或道德困境，设计一系列道德判断问题，当学生访问到这个德育专题时，由机器提问或解答从而实现"人—机"对话，交互和开放紧紧结合。

网络环境有良性和恶性之分，良性环境对人们思想品德的形成具有促进和陶冶作用，恶性环境会对德育工作和受教育者产生恶劣影响。在网络环境下，趋利避害是个人发展和开展德育活动的共同要求，也是优化网络环境的要求。

如何抵制"网诱"？其策略如下：一是"警惕"——让学生明白网络是把双刃剑；二是"有度"——让学生做到上网时间严把控；三是"自制"——让学生自觉抵制诱惑不放纵；四是"能力"——让学生学些安全"冲浪"的技巧。告诉学生：面对"网海"，谁能战胜自我，谁就"天宽海阔"；面对"网海"，谁能做文明"网人"、智慧"网人"，谁就能游刃有余，驶向理想的辉煌的彼岸。

## >>> *13* >> 从智商到情商

就德育抓德育，是一种境界；就学生全面发展来抓德育，可能跃上一种新的境界。学生的全面发展，涉及学生的德、智、体、美等方面。师者育人，就要抓"全面"。

家长和学生相对比较重视智商，我们可以先从智商抓起。智商，指的是智力商数，这个商数是人的心智年龄与生理年龄的比值，智商是一个人成就未来的内核。智力因素一般指注意、观察、记忆、想象、思维，智力影响学习的深浅、学习的速度、学习的方式，要相信每个学生都有巨大的智力潜能。

注意力是吸收知识的窗户。良好的注意力能使学生集中自己的学习活动，提高观察、记忆、想象和思维的效率。可以说，善于集中注意力的人，就等于打开了智慧的天窗。所以，注意力的培养对开发学生智力，提高学习质量，是不可缺少的因素。

观察是人们认识世界的门户。要发现和探索大自然的奥妙，需要观察；要进行文学艺术创作，也需要观察。达尔文曾对自己作了这样一个评价："我既没有突出的理解力，也没有过人的机智；只是在觉察那些稍纵即逝的事物并对其进行精细观察的能力上，我可能在众人之上。"

记忆是积累知识的仓库。俄国军事家苏沃洛夫说："记忆是智慧的仓库，要把一切东西迅速地放到应该放的地方去。"如果把学习比作一座工厂，那么记忆就是这座工厂的原料仓库。记忆能为学习活动提供的原料越多，我们的想象力就越丰富，越富有创造性，我们的思维活动就越活跃，越富有灵活性。反之，一切学习活动将无法进行下去。

想象在人的学习、创作和发明中占有特别重要的地位。没有想象力，就没有李白"飞流直下三千尺，疑是银河落九天"的千古名句；没有想象力，就不可能发明微积分。可以说，没有想象力就没有艺术，没有想象力就没有科学。爱因斯坦说："想象力比知识更重要，因为知识是有限的，而想象力概括着世界上的一切，推动着进步，并且是知识进化的源泉，严格地说，想象力是科学研究中的实在因素。"

思维是人的学习活动的核心。人类认识客观事物，学习基本知识，掌握基本规律，进行创造发明，都离不开思维。坚持不断地思考，是事业成功的重要基础。爱因斯坦说："学习知识要善于思考、思考、再思考，我就是靠这个方法成为科学家的。"牛顿说："思索，继续不断地思索，以待天曙，渐渐乃见光明……如果说我对世界有些微贡献的话，那不是由于别的，只是由于我的辛勤耐久的思索所致。"

让学生灵性生长，离不开智力。智力开发、人才培养与青少年成长，正在被越来越多的有识之士关注。燕国才教授的《智力与学习》、林崇德教授的《智力的培养》等书，都为我们提供了培养提高学生智力的锦囊妙计。

有人曾这样说："IQ 诚可贵，EQ 价亦高。若为教育故，两者都需要。"（这里的 IQ 指的是智商，EQ 指的是情商）这说明教育活动是一个非常复杂的过程，智力因素和非智力因素交织在一起共同影响着教育。有人断言："一个人的成功等于 20% 的智商加上 80% 的情商。"虽说有争议，但也从一个侧面反映出人们对情商的重视。

情商，指的是情绪商数，主要是指人在情绪、意志、耐受挫折等方面的品质，它是心理学家们提出的与智商相对应的概念。就中小学教育而言，可以和非智力因素一并探讨。

非智力因素一般指动机、兴趣、意志、情感、性格，培养学生具有远大的理想、浓厚的兴趣、顽强的意志、丰富的情感和刚毅的性格，从某种角度上说，非智力因素比智力因素更重要。情商，是一个人成就未来的助力。对学习而言，非智力因素具有动力作用、定向作用、引导作用、维持作用和强化作用。

人们的行动总是由一定的动机出发，并指向一定的目的。恩格斯指出："就个人来说，他的行动的一切动力，都一定要通过他的头脑，一定要转变为他的愿望的动机，才能使他行动起来。"对学生来说，学好知识、培养能力、修炼品格是学习的目的。这种目的是由一定的动机激励而产生的，如希望能升学，将来能更好地为祖国建设服务等。因此，也可以说动机就是行为的动力。

兴趣是自觉、积极学习的基础，也是人才成长的起点。学习兴趣是学习积极性中很现实、很活跃的心理成分。一个对学习有浓厚兴趣的学生，在长期的艰苦学习中能维持最佳的心理状态，大脑思维活跃，思路敏捷，想象丰富，记忆力好。兴趣不是天生的，而是可以培养的。我们要努力培养学生高尚、广阔，有中心、持久而又高效能的兴趣，把有限的直接兴趣转化为无限的间接兴趣。

古今中外有成就的优秀人物，无不具有顽强的优秀品质。困难是坚强之母，意志是成功之基。马克思说："在科学上没有平坦的大道，只有不畏劳苦沿着陡峭山路攀登的人，才有希望到达光辉的顶点。"高尔基也曾说："人最凶恶的敌人就是他的意志力的薄弱和愚蠢。"这两句名言从正反两个方面强调了意志在学习和成才中的重大作用。

情感的培养对学生具有重要的意义，因为情感能渗透到学习过程的心理结构的各个环节中，转化为学习的内动力。情感能直接转化为学习动机，成为驱使学生积极学习的内在动力；情感渗透到学习兴趣中，学生就会对某学科或某项学习活动特别喜欢；情感渗透到记忆环节中，能增强记忆。当人们有了健康情感时，思维活跃，联想丰富，易产生灵感，学习已不仅仅是一种求知的手段，而是变成了一种需求、一种享受、一种欲罢不能的追求。

古往今来，凡是在学习上、事业上有所成就、有所创造的人，莫不具有优良的性格。在平时的学习中，我们可以看到有些同学勤奋刻苦、认真细致、谦虚好学、顽强拼搏、不断创新，而有的同学则懒惰马虎、三心二意、骄傲自满、怕苦怕累、墨守成规，这种差异在很大程度上是由不同性格特征造成的。

从智商到情商，越来越受到人们的重视，师者可以先从燕国才教授的《智力与学习》的姊妹篇《非智力与学习》一书中所说的方法去践行。

>>> **14** >> 从情商到动商

体育很重要，大家都知道，但在中小学，并不是每所学校都能开齐开足体育这门必修课，体育课常常被语文、数学课挤占。我们的学生能每天运动一小时吗？"阳光体育"的阳光普照了吗？

学生学习负担过重，造成学生体能下降，近视率、肥胖率、肺活量、力量、耐力、灵活性、抗挫能力等方面的现状令人担忧。就学生学习负担来说，又呈现出"五重五轻"现象，即智育负担重，四育负担轻；动脑负担重，动手负担轻；左脑负担重，右脑负担轻；记忆负担重，思维负担轻；作业负担重，活动负担轻。

教师要培养学生的智商，要培养学生的情商，但如果我们培养的学生"身体不行"，那他们"还什么能行"！

朱永新教授在《理想的体育》一文中这样说：

"理想的体育，应该能体现奥林匹克精神，培养学生在人生路途上追求'更快、更高、更强'，并能完善自我，体现人性之崇高。

"理想的体育，应该注重磨炼学生的意志，使学生永不言败，永不停歇，养成坚韧不拔的品质。

"理想的体育，应该重视培养学生的合作精神、集体情怀和爱国情操，使体育活动成为德性养成的重要途径。

"理想的体育，应该是注重培养学生遵守规则，学会公正、公平的观念，远离弄虚作假，形成诚实的品格。

"理想的体育，应该培养学生坦然面对竞争和胜不骄、败不馁的心态，学会自我心理调节和科学训练，养成健全的心理素质。

"理想的体育，应该在注重体能训练的同时，为学生打开世界体育之窗，感受力与美的和谐。

"理想的体育，应该尊重学生的个性和特长，不把体育作为惩罚学生的手段，而使学生在体育活动中发现自我，享受自我。

"理想的体育，应该使学校体育与社区体育有机联系起来，充分利用社区或民间的体育资源，同时向社会开放学校的体育设施，体现体育发展的社会化、生活化、终身化的趋势。"

对照一下学校的体育工作，是不是"理想很丰满，现实很骨感"？

《中国体育报》"关注动商，提高学生运动潜能"的报道点燃了人们对青少年体育关注的热情，"动商"引起学术界的讨论和教育先行者的积极实践。

李化侠、宋乃庆、辛涛在《从智商、情商到动商——刍议动商的内涵、价值及路径》一文中对动商的内涵、价值及路径进行了研究。

智商、情商、动商是人类认知、情感、行动的"三角支架"，是构成人类发展和前行的基本要素。

何为动商？动商是人类运动能力、运动情感态度、运动行为习惯的测评分数。

动商对满足公众对健康的需求、发展学生的核心素养、提高公民身体素质、提升国家综合国力具有重要价值。

动商可教可学可发展，要以培养为最终目的，营造好的环境，加强研究，同时发挥学校课程教学的作用，使用动商测评结果引领教师因材施教。

动商可以促进学生智商的发展。经常进行体育运动可以改善大脑的营养状况，为智力的发展提供良好的物质基础；经常进行体育运动可以改善大脑皮质神经的强度、平衡性、灵活性，从而促进智力发展；体育运动要求动作迅速、准确，要求整体有机协调，这就对参加者的感知能力、观察能力、注意能力、记忆能力、想象能力、思维能力等都提出了很高的要求，因而使得这些智商因素得到综合锻炼、提高和加强。

动商还可以促进学生情商的发展。体育运动不单是身体的锻炼，而且是心灵的锤炼；克服在体育运动中所遇到的困难与挫折，可以锤炼出顽强坚韧的意志；体育锻炼是培养和发展自信的重要手段，当你的运动能力得到同伴的肯定时，随之而来的就是自信心的增强；体育运动让人流连忘返，其中很重要的一点就是它的趣味性；在团队比赛中，能够加强合作能力，分享奉献精神，考量人的社交能力；等等。

智商主要表现人的理性的能力，可以让人类更好地认识事物；情商主要反映一个人感受、理解、运用、表达、控制和调节情绪、情感的能力，可以让人类更好地调控自身与他人情绪；动商主要反映人的行为能力，可以让人类更好地维持自身的存在及活力，增强行动的实践力和执行力，是个人获得成功生活、适应终生发展和社会发展必备的共同要素。

动商的价值，绝大多数教师还没有意识到，更没有深入去发掘。广大教师对动商还不了解，更没有努力去培养学生的动商。因此，在这方面还有很大的研究和探索的空间。

做一名爱运动的教师吧！运动，可以让你更加充满活力；运动，可以让你的心理得到很好的调适；运动，可以让你的身体更加健康。

做一名爱和学生一起运动的教师吧！和学生一起运动，是一种班级文化，是一种和谐融洽，是一种相互了解。亦师亦友，平易近人，师生共情，都可以在教师与学生一起运动中达成。

做一名能点燃学生运动热情的教师吧！学生运动的热情被点燃，他们的青春在运动场上飞扬，他们健康阳光地生长，动商促智商，动商促情商，"三商"托起了学生认知、情感、行动的"三角支架"，学生的"全面发展"就从一个方面悄然落地了。

# >>> *15* >> 从动商到德商

有一句话是这样说的："小胜靠智，大胜靠德。"意思是，小的胜利凭的是聪明，真正要在大事情上得胜，靠的是德行。

2011 年美国伦理学家、社会学家和教育家布鲁斯·温斯坦出版了《德商：比情商和智商更重要》一书，在书中他将"德商"的概念具体阐述为五条原则：不造成伤害、让事情变得更好、尊重他人、公平、友爱。他指出德商比情商、智商更重要。

德商（Moral Intelligence Quotient，缩写成 MQ），指的是一个人的道德人格品质。德商的内容包括体贴、尊重、容忍、宽容、诚实、负责、平和、忠心、礼貌、幽默等一切美德。

耿步健老师研究了德商的几种界定之后提出：德商，实际反映着一个人的道德素养的状况和水平。而一个人的道德素养的状况和水平，又是由这个人本身的道德认知、道德情感、道德理想、道德意志等所决定的。因此，对德商又可作出如下本质的解释：德商，是指一个人由其自身的道德认知、道德情感、道德理想、道德意志等所决定的道德素养的状况和水平。

也有专家认为，德商，简言之，是指一个人的德性水平。

"道"乃人对世界本原的看法，而"德"则是人的处世准则。道德就是人们调整人、社会、自然之间关系的根本指导原则。

作为一个特殊的群体，学生总体阳光向上、健康成长，但也时有迷惘、困惑、孤独、寂寞、苦闷、凄楚、悲哀、惆怅、失落、压抑、骚动不安、自信摇动、茫然空虚等，甚至还会有出走、滋事、越轨违法行为，这其中确实有不少心理问题，但也和德商出了问题有关。所以说，对学生加强德商的培养不但重要而且必要。

立人先立德，百行德为首。古人讲"三立"——立德，立功，立言，把立德置于首位。世人把修身养德作为成功的处世基础，如同修建高楼大厦一样，如果事先不打牢基础，楼房就不会稳固。德、智、体、美、劳中，德也是居于首位的。

德商高的人，正直、正派、正能量，安身、安心、安业，懂得宽容、友善、节制、尊重人，富有道德、良心、同情心，在人生的大舞台上是一个令人喜爱的正面角色。

德从何处来？可以继承弘扬古今中外的传统美德，可以从我们身边的模范人物中汲取，也可以在社团活动、研学旅行、社会实践中体验等。

学生德商的培养，其路径大致有：

寓德商培养于"教"之中。教书育人，是教师的天职。走向优秀的学科教师，不仅要教"学科书"，更要在教"学科书"的过程中育人。教师要有意识地发掘学科教学中提升学生德商的因素，潜移默化地将"德"润入学生的心田。

寓德商培养于"学"之中。在学习指导中渗透"德"，是一种可行、易操作、效果颇佳的方法。比如，激发学习动力，开启智力潜能，优化学习环节，加强学习管理等，皆可"育德"；又如，利用格言、警句的激励和故事的启迪作用发展品德等。

寓德商培养于"玩"之中。"玩中学，学中玩"，德商培养也不例外。灯谜中以"每日必登高"猜学校用语"天天向上"就是育德；跆拳道比赛礼仪、足球开赛礼仪，是育德；学生研学旅行，激发其爱国情怀，培养其社会责任感和实践能力，也是育德。

哈佛大学心理学博士丹尼尔·戈尔曼参照智商学说，在1995年出版《情感智商》一书，在书中首次将非智力因素称为情商。他经过深入研究后得出结论：一个人的成功20%取决于智商，80%取决于情商。

随着德商的提出，有人指出智商、情商、德商三者的关系是：智商（IQ）

决定学习能力，相当于一部车子的发动机；情商（EQ）决定环境适应能力，相当于能源系统；德商（MQ）决定自我管理能力，即人品的高下，属于方向驾驭系统。于是戈尔曼的公式可演变完善为：（持久）成功 =（20%× 智商 + 80%× 情商）× 德商。

从这个公式中可以直接看出情商远比智商重要，但德商也非常重要，一旦德商出问题，将会导致一切成就化为灰烬！

本篇的题目"从动商到德商"，是沿着前几篇的顺序写下来的，其真正的意义是：从"三商"（智商、情商、动商）到德商。前面我们研究了"动商"，动商对满足公众对健康的需求、发展学生的核心素养、提高公民身体素质、提升国家综合国力具有重要价值。健康是生命力的主要源泉，健康是成就事业的先决条件，是生活快乐的基础。健康是一，其余所有的诸如金钱、爱情、荣誉、地位、事业——都是一后面的零。零当然越多越好，可是没有一，再多的零又有什么意义呢？

动商的提出，成功的公式似乎应该是：（持久）成功 =（20%× 智商 +80%× 情商）× 动商 × 德商。

《周易》有云："天行健，君子以自强不息；地势坤，君子以厚德载物。"意思是：天（即自然）的运动刚强劲健，相应地，君子处事也应像天一样，自我力求进步，刚毅坚卓，发奋图强，不可懒惰成性；大地吸收阳光滋润万物，君子应增厚美德，以身作则。可以译为这样：君子应该像天体一样运行不息；如果你是君子，度量要像大地一样，没有任何东西不能包容。

从《周易》这两句话的寓意看，我们对动商和德商似乎又有了新的感悟。清华大学把"自强不息，厚德载物"作为校训，结合动商和德商，又能给我们带来哪些新的启发呢？

觉醒者三：学习之新境

# >>> *01* >> 向师学习与向生学习

向师学习。可以向名师学习，也可以向一般老师学习，可以向本校老师学习，也可以向外校老师学习，可以向年长的老师学习，也可以向年轻的老师学习，取人之长，补己所短，改进教法，不断提高自身素质和教学水平。

同行中，一定有名师，起码是本校的名师。名师，往往有渊博的学科知识、精湛的教学技艺、深刻的教育思想、优秀的道德品质、感人的人格魅力，这些都是值得我们学习的。以名师为师，你很可能就是下一个名师！

我在北京师范大学和华东师范大学学习期间，诚拜了许多师长，他们都是我尊重和敬佩的前辈。顾明远教授多年来一直关注关心我的成长，并为我写的书作序；赵中建教授主编丛书约我写几章；丁尔陞教授为我的《中学数学学习法》题写书名；钱珮玲教授亲自指导我做课题，并担任我的另一个课题——教育部特级教师课题的专家评审组组长；中国教育科学研究院（原中央教育科学研究所）戴汝潜研究员主编全国著名特级教师教学艺术与研究丛书，约我写《任勇中学数学教学艺术与研究》，张芃老师为这本书写"研究篇"；顾泠沅老师为我的新书写书评，还刊登在《人民教育》上；谢维和教授和李双利院长特地安排我在北师大骨干教师培训结业典礼上代表学员发言；等等。回想这一幕幕师长的关爱，我倍觉温暖和亲切。每次与师长谋面或通讯，都能再次聆听他们的教诲，既有新的启悟，又进一步增进了师生之谊。

同行中，更多的是普通教师，每位教师往往有自己的优点和某方面的教学特色，这些更是我们可以学习的。我在龙岩一中时，学习赖凤溪老师教学的细致性，学习吴荣洲老师教学的趣味性，学习郭朝泓老师教学的深刻性，学习林群老师教学的创新性；我在厦门双十中学时，谢志强老师备课的认真精神，潘永俊老师上课的跌宕起伏，陈文强老师教学的大道简约，赵祥枝老师的循循善诱，都是我可以学习的；我在厦门一中时，陈建国老师编练习精益求精，王淼生老师数学解题精彩纷呈，语文老师陈岩立的旁征博引，英语老师郭丹芷的收放自如，都给我的教学带来很大的启发。每每听老师的课，看老师发表的论文，读老师的先进事迹，我都有所获。

我们不仅要向本校老师学习，还要积极向校外老师学习。北京的孙维刚、张思明老师和我有多年的交情，我们都获得苏步青数学教育奖一等奖，在上海见面其乐融融。北京四中的刘坤老师、北大附中的周沛耕老师、北师大实验中学的储瑞年老师、北京名师明知白等，我们经常在北京和厦门两地交流数学教育问题。张乃达老师是江苏名师，我们把他请到福建来，传播数学思维教育学；王永老师是福建省数学教育专家，杨学枝老师是初等数学专家，我们多次请他们来厦门讲学；章建跃老师是人民教育出版社的数学室主任，也经常到厦门指导数学课程改革。

每位教师都有自己的优势，老教师人格高尚、兢兢业业，中年教师年富力强、经验丰富，年轻教师朝气蓬勃、熟悉技术，大家相互学习、共同提高。"师友者，学问之资也。"（李惺《西沤外集》）求师与学友，是学者的两只"风火轮"，踩住了它们，前进就有了加速度。为师为学，必须注重向师友学习和得到师友的指导，这是教学相长规律的客观反映，是历代学者治学经验的结晶。

向生学习。"师不必贤于弟子"，教师应开诚布公地向学生承认自己的过失或不足，经常向学生学习。

1980年，我师专毕业后到龙岩一中任教，当班主任，教两个班的数学。那时没有专家引领，也没有老教师具体带教。数学组长给了我们数学课本和一本配套的教学参考书，大致讲了些教学常规，就让我们按课表去上课了。

初一数学讲有理数运算，几节课就讲那么一点东西，我每节课讲十几分钟就讲完了，接下去就不知该怎么讲了。

我去听老教师的课，发现他们讲得比较慢，非常细，我感觉没必要讲那么细，也完全可以讲得快一点。

但我讲得太快，看来不行。按老教师那样讲得那么细，我又不能接受。一时间，我找不到讲课的方向。

一日，我到学校图书馆借书，在陶行知先生的一本书中看到这样一段话："你要教你的学生教你怎样去教他。如果你不肯向你的学生虚心请教，你便不知道他的环境，不知道他的能力，不知道他的需要，那么，你就有天大的本事也不能教导他。"陶老的这段话点醒了我，忽然间我有了一个想法："什么样的课才是学生欢迎的课？为什么不去问问学生呢？"

于是，我在一次课后作业中少布置了几道数学题，但多布置了这样一道"题"："你希望老师怎样教你们？"要求学生按"希望"程度从最强写起，至少写出三条。那时的学生比较淳朴，他们从来没做过这样的"作业"，异常兴奋，颇为好奇，每个学生都按要求在作业纸上写出了自己的想法。

我一一细看，不用细统计，就得出学生最喜欢老师上课风趣一些。原来如此！学生希望老师风趣，幽默，讲些趣题！于是，我在原有研学一些趣味数学书的基础上，又买或借了不少趣味数学书狂学，并给自己一个强烈的暗示：每节课至少一趣。

说实话，初一数学除了应用题部分可以引趣，其他部分内容少有趣题。怎么办？那时我也没多想，也没那么多的条条框框，凡是学生能接受的趣题，与教材同步的、不同步的我都找来讲。

有段时间，我的数学课三分之一的时间"忠于职守"讲课本内容，三分之二的时间"我行我素"讲数学趣题，"疯疯癫癫"教数学！

学生觉得"这个老师与众不同"，很认真听我讲课本知识，更兴奋地听我讲那些有趣、新奇、令人拍案叫绝的数学题。

渐渐地，我发现学生听课的眼睛放光了，那是学生的智慧之光、探索之光、自信之光；渐渐地，我发现学生的思维被激活了，感觉到他们在灵性生长！数学趣题激活出来的那种数学"境界"，使学生再回看课本中的那些问题，简直就是"小菜一碟"。

期中考数学考完后，我教的两个班的数学成绩上升了不少，我和学生们都很高兴。但我进一步认真分析试卷各题的得分情况后，发现学生对难度大一点的题做得不是太好，我反思，感到我的课多有"引趣"少有"引深"！

怎么办？我又模仿上次的做法，在学生的作业中作"问卷"调查："老师怎么做，才能提高同学们解数学难题的能力？"

比较多的学生认为，一是上课适当讲些难题，多讲些思路，多讲些题型变化，多讲些数学学习方法；二是可以布置些选做题，即有一定难度的拓展题，每次作业至少布置一题，学生能做的就做，不会做的就不做，也没关系；三是可以在班级后面的"学习园地"里给出征解题——难度稍大的题。

这三条建议我一一"落实"。讲例题时，尽量找"题根"讲，讲思路讲方法，适度变式、序化、类化、活化、深化研究数学题，适度"带趣引深"；课后作业，开始有了供选做的拓展题，平时每次作业有一道题，周末给出两题；征解题更有讲究，难度比拓展题略大一些。每日一题，成为我班的一个特色"品牌"。

如果说"每课一趣"旨在让课堂充满活力，让学生感到"数学原来如此有趣"的话，那么"每日一题"的征解题，就为学有余力的学生提供了具有挑战性的数学题。

征解题可以是课本问题的拔高，可以是身边的精彩数学问题，可以是切合时宜的数学趣题，可以是数学竞赛题的弱化。多数学生对征解题很感兴趣，哪天没出征解题，学生就"若有所失"。征解题也可以由学生或家长先提供给我，我简单评判或修改后署上学生或家长的名字公布。这样一来，又激活了一批学生和家长的热情，他们常常在"学习园地"的征解题栏目前乐此不疲，驻足兴叹，流连忘返。

尝试并完善一段时间后，我的数学教学就渐渐步入了且"引趣"且"引深"的样态，就从课内延伸到了课外，就有了"必选动作"和"自选动作"了。

期末考试，我教的两个班不仅一般数学题做得不错，难题的解答水平也大为提高，数学考试均分名列年级前两名。更让我感到惊喜的是，学生数学学习的热情再次被激发出来，他们尽情享受趣题，尽力挑战难题。

我借机启发学生，因为数学新奇、数学有趣、数学很美、数学有用，所以"数学好玩";学数学不能仅仅处于"好玩"状态,还要"玩好数学","玩好数学",需要智慧、需要意志、需要方法、需要创新。我还模仿一首诗,说:"好玩"诚可贵,"玩好"价更高。若为学习故,两者都需要。

我形成的数学教学主张——从"好玩"到"玩好"再到"玩转",是我的学生"教"我的。

学生教我当老师!获益之后,我再次到图书馆借来陶行知先生那本书,读到好词就抄下来,许多"好词"伴随着我一生的教育之旅。

老师们,当你不知怎么教书时,就向你的学生请教吧!

## >>>02>> 书刊学习与实践学习

"要给学生一杯水，教师要有一桶水"，这一桶水从哪里来？很重要的一个途径就是向书本、杂志学习。当然，现在人们说，一桶水不够了，教师要有一条常流常新的小河。不管是一桶水还是一条河，都要求教师不断地充实知识、更新知识。一个教师，没有一定数量的教育、科学、文化书籍和杂志是不可思议的。就我来说，四十几年来，东买西购，已有15000余册数学、教育、科学、文化等方面的书，订阅了所有能订到的中学数学杂志和许多教育杂志，我在书海中获取知识、得到启智，在书海中探索与创新。

听听苏霍姆林斯基是如何谈读书的："读书不是为应付明天的课，而是出自内心的需要和对知识的渴求。如果你想有更多的空闲时间，不至于把备课变成单调乏味地死抠教科书，那就要读学术著作。应当在你所教的那门科学领域里，使学生教科书里包含的那点科学基础知识，对你来说只不过是入门的常识。在你的科学知识的大海时你所教给学生的教科书里的那点基础知识，应当只是沧海一粟。"

教师向书刊学习，一要熟读教科书，这样才能对教材了然于胸，才能更好地用教材教，才能把握教材、吃透教材、激活教材、改组教材、拓展教材；二要参读教辅书，这里的教辅书不是通常人们所说的"教辅"，专指"教学辅导书"，如课程标准、教学参考书、优秀教学课例等；三要纵读专业书，一类是学科专业书，包括学科专业杂志、学科研究书籍、学科竞赛书籍和学科教育教学书籍，另一类是教育专业书，包括教育理念、教育艺术、教育方法、教学技巧、课程改革、教师发展等；四是横读大学科，"大学科"就是将自己所教的学科融入大一类的学科，这样可以从更广阔的视角来看自己的学科，如音乐学科之大类就是"艺术"，数学学科之大类就是"理科"，历史学科之大类就是"文科"，等等；五是广读人文书，人文社科类的著作涉及面比较广，具有人文涵盖面的人文类书籍是很适合教师阅读的，教育书籍当然算人文书籍，其他还有文化、艺术、美学、哲学、国学、历史等。

当信息化浪潮涌入教育时，人们惊呼"教师很可能会消失"。一浪一浪涌过后，人们发现：教师依然存在。教师之所以"依然存在"，是因为面对信息化的挑战和冲击，教师永远保持"不断学习的姿态"。学习，才能更好地改变自己、提升自己。

书籍是人类文明的积累，是人类智慧的结晶。读书，无疑是求知的一条重要途径；读书，无疑是立德、培智、陶情、修身的基础。但一个人的求知培智、立德修身并不仅仅局限于读有形的书。书籍本身就来源于社会实践，也是社会实践的总结。我们为什么不直接向实践学习？向实践学习，就是在实践中学习，在实践中获得真知，在实践中形成能力。

实践学习在于用心。实践学习，要牢记"处处留心皆学问"的道理，就是要用心从丰富多彩的教育实践中多方面地吸取知识、开阔眼界、增长智慧。教育实践，每时每刻都在发生，有本真的，也有异化的，用心才能"看得明白"。"未来已来，将至已至"告诉我们：当下实践的"微变革"正是走向未来的行动，用心才能"厘清方向"。

实践学习在于品味。教育实践中的道理常常是"只能意会，不能言传"，常常是"发于点滴，行于心田，融于交流，盛于久远"。我们只有悉心揣摩、细心品味，才能有深刻的体会和感悟，才能把实践中的成功经验学到手，才能总结吸取实践中存在的问题。在纷繁复杂的教育实践中的学习，是需要我们一辈子揣摩品味的。

实践学习在于体验。古人说："纸上得来终觉浅，绝知此事要躬行。"今人说："实践出真知，力行长才干。"我们看到、听到、读到、感悟到的，都不如我们亲自动手去实践。杰出教育人物的成功之道，既来自读书，也来自实践。他们正是通过实践积累了宝贵的经验，才使自身获得对事物的真知和对书本知识的深刻理解。

实践学习在于辨识。面对教育实践的种种现象，不能眼花缭乱，我们要善于辨识，以正确的教育理念视角捕捉教育实践中更深层的意义和教育实践中蕴含着的未来的意义，在教育实践"潮流"滚滚而来之时，清晰地辨析出哪些"潮"是正确之"潮"，哪些"潮"是错误之"潮"，哪些"潮"是"未明之潮"。对于正确之"潮"，就要学习之、研究之，进而追赶之。

实践学习在于凝练。教育实践，呈现出的样态是多种多样的，既"精彩纷呈"又"良莠杂存"。我们不仅要学会用"慧眼"辨析出"精彩"之处，还要学会用"精彩"语言表述弥足珍贵的教育实践成果。教育实践成果的凝练，要积极有效地表述成果，做到有精准度、有高度、有深度。

在实践学习中，简单的模仿学习最多只能达到"形似"，在模仿学习基础上的升华，可以达到"神似"，而在模仿、借鉴基础上的积极创新实践，才可能"超越"。

实践学习，我们不能仅仅停留在借鉴、模仿的层面上，而是要积极探寻源于实践变革的力量。借鉴模仿是一种学习，触类旁通地加以运用是高一层的学习，而悟出先进教育实践的"本原"之道，才是更高一层的学习。

# >>>*03*>> 　　进修学习与终身学习

　　我于 1980 年毕业于福建省龙岩师专，我在中学的教学起点是专科生。当时，多少是被一些人瞧不起的，但我不自卑，而是坚持不断地参加各种进修学习，不断提升自己的学历。

　　我从 1980 年到 1986 年参加了福建师范大学数学系本科函授学习，之所以读了六年，是因为这个班是以高中为起点的。

　　函授是平时自己学习，学校寄来作业，做完寄回，寒暑假老师来到龙岩地区面授。直到 1986 年 7 月，我才真正来到福建师大，因为要在那里学习计算机知识，龙岩当时没有计算机教学设备，学完这门课再交上论文，答辩通过后就可以毕业了。

　　到了福建师大，我才发现大学好大，大学怎么可以没有围墙？大学里还有医院，大学里的食堂还要编号。大学，真大呀。

　　为了提升厦门市教育管理水平和师资水平，1997 年厦门市教育局与福建师大联合举办教育硕士研究生班。通知下来了，我也积极报名了，心想这下可以圆硕士梦了。

　　这期教育硕士共 60 人，分管理、语文、数学三个小班。我从内部打探消息，得知我未在初定名单上。我急了，照理说我是最有资格和条件读教育硕士的。一打听才知，教育局认为我是特级教师，可不必再读教育硕士。我立即书面向教育局反映，表明我虽是特级教师，但迫切想读研想提高。我当时是学校的中层干部，按理说可以读管理班，后因管理班人数已满，故到数学班就读了。

教育局领导带我们来到福州师大，有隆重的开学仪式，有入学摸底考试，住的条件很差，吃是打游击式的，上课地点、条件也很不好，但老师教得很认真，我们学得也很认真。林章衍老师是我们的教材教法课老师，他知道我对数学学习指导颇有研究，特地安排了几节课让我上；陈清华老师上函数论，知道我在这方面有心得，也让我专门讲了一节"函数周期性问题"；讲教育学的老师也让我介绍我在学校开展的"构建课程体系，实施素质教育"的做法。这些课都受到师生的好评，我的确很高兴，心想："我不能成为师大的本科生，但能在硕士班上讲课，也不错嘛。"

我们利用三年的寒暑假和集中一段时间的学习，学完了所有课程，终于毕业。后来才得知，这种性质的教育硕士，只能算研究生班，国家不予承认。当时大家有些怨言，现在想来，不承认又何妨，追求硕士的过程中，我们收获多多。

后来，我又有幸到北师大参加骨干教师国家级培训，是工作多年后的又一次充电！

再后来，我又参加北师大博士课程班的学习，是去进一步感受追求高层次学习的乐趣！

这就是我的进修学习之路。

老师们如有机会，还是要积极进修学习。进修学习，可以系统掌握专业知识，可以进一步提升专业能力，可以继续对学术专业的前沿进行关注，可以结交新的老师和同行。我上面说的是时间稍长的进修学习，事实上，当下我们有许多短期进修学习的机会，大家要倍加珍惜，充分利用好每次进修的机会提升自己。

我们既要进修学习，又要终身学习。进修学习的最大好处是能系统学习，对知识有一个整体的认识，还可以与教师、与同行共同探讨有关问题。但从学习的角度看人生，人生便是一个学习的课堂，这个课堂，永远听不到下课的铃声，学习是一个终身的过程。

在信息时代，终身学习将成为整个生活的重要内容和律令，成为人们的一种生活方式，而教师职业的性质又注定在这方面的要求要高于一般人。不知老师们是否注意到一个名词的变化，即"师范教育"正逐步被"教师教育"取代，这告诉我们"学历社会"的终结，时代的发展要求从"学历社会"走向"学习社会"。

人们不仅要终身学习，还要在这种理念下学会学习。有这样一句名言引用频率颇高："在未来，你所拥有的唯一持久的竞争优势，就是有能力比你的对手学习得更快。"是啊，无论是为迎接新世纪的挑战，为肩负时代赋予的使命，还是为成为走向未来的名师，都需要我们学习，学习，再学习。

联合国国际二十一世纪教育委员会主席雅克·德洛尔在其著述《论未来的教育》中提出了一个"终身学习"的新概念，即"人的学习不能只限于人生的某一个时期，而应该终身接受教育，至少自我学习自我提高的使命要穷其一生。"这个被誉为教育史上"哥白尼革命"的论断再清楚不过地告诉我们：上一次大学受益终身的时代已经一去不复返了，取而代之的只能是"终身学习"，"终身学习"不仅将会成为（而且也必须成为）人们整个生活的重要方面，也成为人们的一种生活方式。

教师对终身学习的认识要有更深刻的领悟：终身学习是一种生存方式；终身学习基于学习者的自主性；终身学习无所不在。天天学习，天天进步；终身学习，终身受益。唯有终身学习，才能永立潮头。

课程改革步入"深水区"，教师不跟进学习，敢"下水"吗？信息化浪潮滚滚而来，教师不学习新的信息技术，提升自己的信息素养，敢在浪尖上"起舞"吗？核心素养的提出，又给教师的教育教学带来新的挑战，"为素养而教"，能不持续学习吗？新高考全面铺开，进入"以能力与核心素养立意"时代，如何理解"一核四层四翼"的评价标准，如何精准应考科学迎考，教师又要进入新一轮的学习了！

生而为人，都要终身学习；生而为师，没有理由不终身学习。

## >>>*04* >>   追踪学习与思辨学习

一是对书籍文章的追踪。比如中学生研究性学习是一个值得学习的专题，我就与京、沪、粤等有关书店联系，追踪这类书籍。同时在报刊中寻找这类文章，占领这类问题研究的制高点。又如教育信息化近年来是一个热门话题，我就找来与教育信息化有关的书籍杂志研学，并利用网络收集这方面的文章系统学习。再如核心素养一提出，我就全面、广泛地涉猎这方面的各种资料，力争保持在这个领域的前沿探索和深层领悟。

二是对教育名师的追踪。比如在北师大听了裴娣娜教授的"教育研究方法导论"讲座，学术味浓，我听后很有收获，至少我认为她是当今中国教育科研中最具学术性的专家之一。追踪她，就等于追踪了中国最高水平的教育科研，掌握了教育科研的最新动态。又如我还在北师大听了肖川博士的报告，他那本《教育的理想与信念》，我不知读了多少遍，那注重人文性的激扬文字和发自肺腑的真言实语，给人以反思和启迪。追踪他，就等于了解了中国教育前沿的思想，就会对教育有一个全面、系统、深刻和细致的理解。购买他们的书，收集他们的文章，是一种追踪；找机会向他们请教，索要一些资料，也是一种追踪。我想，以我对事业、对学生的忠诚与爱心，以我对教育对科研的执著与追求，他们是会为一个基础教育的探索者铺就路石的。

三是对教育事件的追踪。比如新高考，我一方面迅速了解新高考的具体情况，从多个角度领悟本义和实施方案，另一方面积极关注媒体对这方面的报道，并向浙江和上海的教育界朋友了解他们先行实践的情况，这样对新高考就有一个客观的认识。又如明星校长转向民办校，追踪这一教育事件，听听这些校长的想法，何尝不是一种学习？明星校长们告别体制，加盟民办教育的答案是——为了心中的教育理想。蓝继红说，离开草堂小学……她在乎的是教育的高度和深度，以及儿童真正意义上的成长。教育就在前方，有了梦想就出发。李烈表示，越来越大的北京实验二小的规模，未能完全实现她的教育理想。她所去的民办学校，寄托着她内心一直追寻的教育理想。叶翠微认为，自己一生始终追求教育的"无限风光"，做教育没有体制内外的区分，没有公办、民办的区分，"条条大路通罗马"。

四是对教育潮流的追踪。当今教育之潮可谓"风起潮涌"，你读《人民教育》《上海教育》《中小学管理》等刊物，就会发现"大潮"之势，"大潮"走势；你读《中国教育报》"教育展台"栏目中的学校之展，就会发现各地学校办学的"潮起潮涌"；你读本省本市的教育报刊，就会发现身边也有"潮流激荡"；你不时去书店找些教育新书读读，或在网上查查教育新书内容简介，就会发现教育还真是"新潮不断"。

追踪学习，从某种角度说是一种"崇拜"，但学习还不能都"崇拜"，还要"思辨"。我爱导师，我更爱真理！

追踪几位教育大师和他们的书籍、文章，找机会向他们请教，索要一些资料，是一种学习；古人治学要求"审问之，慎思之，明辨之"，都要求我们要"思辨学"。对新理论、新观点、新方法、新技能，既大胆地吸收、借鉴，又灵活地与工作实践相结合，有选择、有批判、有针对性地加以应用，决不能照搬照抄，生搬硬套。

荀子在《劝学》中说："思索以通之。"此言精辟！"学而不思则罔，思而不学则殆。"学习，贵在思考。我思故我在。

带着思考去学习，才能辩证思维。现在可读的教育书籍非常多，教育问题往往处在两难抉择中，不带着问题去学习，就很可能接受某些过激的观点，或会沿袭某些陈旧的教育观点。只有带着思考去学习，才能逐步形成自己对教育问题的思考和判断。

以家庭教育为例，下列观点你都同意吗？——"别让孩子输在起跑线上""好孩子是夸出来的""男孩穷着养，女孩富着养""任何成功都不能弥补教育孩子的失败""掺杂了太多功利之心的艺术特长和体育特长的培养之路，是难以行走长远的"。不思考，能行吗？

　　带着思考去学习，才能领悟真经。思考，是对学到的知识进行归纳、提炼、消化和吸收的过程。无论是书本上的知识、实践中的体验，还是其他人的经验，要转化为能力和本领，都离不开自己的领悟和思考。思考得越深，消化吸收得就越多，能力提高就越快。

　　对于教育教学问题，我们一定要用心思考，多问几个为什么，多换几个角度，多分析几种情况，多思考几种思路，多探索几种办法，形成独立的思考和见解，站得高一点，看得远一点，想得深一点，力求把"各路信息"转变为自己的思想、观点和思路。

　　带着思考去学习，才能见解独到。用"活性的大脑"以思考的视角去学习，就能看到问题，更能对问题有独到的见解。当明显的事件一闪而过时，我们往往能敏锐地捕捉到要研究的问题。

　　比如看一本书、听一次报告和与人偶尔的交谈等，都很有可能与我们所从事的工作和研究相联系，找到新的探索点。当问题比较"隐蔽"时，我们也往往能从多个角度入手，将"隐蔽"的问题变成"看得见"的可以去研究的新问题。所谓"观众人所观，思众人无思"，说的就是这个道理。

# >>> 05 >> 合作学习与孤独学习

以往教师的学习多为"自主"，课改背景下要求学生的学习"合作、自主、探究"，我以为教师的学习也应"合作"。合作学习不仅是一种理念，同时也是一种学习方式。作为与新课程一同成长的教师，必须学会合作学习，共同构建教师合作文化。

教师合作学习的主要方式是在学校中构建起学习型组织，基本的学习方法有头脑风暴法、分享式讨论和反思对话。"同备一节课"，看谁备得有新意，看谁备得有实效，在很大程度上就是"头脑风暴"；"同上一节课，同评一节课，同研一节课"，太多的经验大家在分享，太多的反思大家在"对话"。老教师的科学"预设"、合理"生成"，值得年轻教师学习；年轻教师的激发情感、媒体活用也值得老教师借鉴。教师如果都有了积极合作的态度、彼此信任的诚意和开放的学习心态，就能在共同的学习中共同成长。

为师要向同行学习，只有尊重同行教师，才能在借鉴他人中完善自己。向同行学习实际上就是团队合作学习，这种充分发掘和利用团队中有利于教师专业发展的各种资源的学习，是促进教师专业发展的有效途径。

教师学习共同体，这种源于内心觉醒的带有民间性、草根性、自主性的合作学习，是一种很好的推进教师学习的形式。

理想的共同体，应是一个"家园"。"家园"是温馨之家，是一个很舒适、很安全、很温暖的港湾，一种很和谐、很惬意、很人文的氛围，一个很专业、很教育、很文化的群体。"家园"是留念之家，共同的职业追求，想"回家"；共同的价值取向，想"回家"；共同的自主活动，想"回家"。"家园"

是心灵之家，在"共学"中涵养心性，在"共思"中启迪心智，在"共研"中升华心境。

理想的共同体，应是一个"学园"。从低层次的孤独之学，走向有热情的共同之学，再进入高层次的孤独之学，再走向有愿景的共同之学，又再进入高境界的孤独之学……如此循环，"直上云霄"。从共同之学，到共同之思，再到共同之研，进而各自践行，争取"写下来"成文或成书，我学故我知，我思故我在，我研故我智，我行故我实，我著故我远。教育之学，可涵养专业；文化之学，可涵养人文；人生之学，可涵养心灵。

理想的共同体，应是一个"乐园"。有专业成长之乐，即分享专业视域的探索之乐，分享专业能力的完善之乐，分享专业文化的浸润之乐。有特色成长之乐，乐在"各美其美，美美与共"，乐在"各美其美，各造其极"，乐在"各美其美，美美与共"。有幸福成长之乐，幸福来自读书是最美的生命姿态，幸福来自读书创造有意义的人生，幸福来自"过幸福而完整的生活"，幸福来自成员之间相互欣赏鼓励。

理想的共同体，应是一个"创园"。当合谋共论"创"，因为"教育恒久远，创新每一天"；共同体成员要"常怀创新之心"；时代呼呼微创新，"聚小方能成大"。当积极践行"创"，即有新想法就要适时践行，积极适应"教育正悄悄发生的信息化革命"；追求理想课堂的新境界，即知识、生活与生命的共鸣，智慧、文化与生命的共融。当论争孕育"创"，思维碰撞激活"创"，思辨争锋产生"创"，和而不同滋生"创"。

在教师专业成长的道路上，是一个人独行还是一群人做伴？是一个人走得更稳更持久还是一群人走得更远更广阔？该如何处理好两者的关系？又该如何在群体中既汲取能量又不失个性与创新？

有人认为，合作学习，学习热情"就这样彼此点燃""让我的行走不再孤寂、不再迷茫"。也有人认为，孤独学习，"一人独行走更远""唯有独上高楼，才能望尽天涯路"。

我以为，在"共同体"的学习背景下，要特别强调且"共同"且"孤独"。教师在团队学习的基础上，自觉追寻用于守望自我的澄静的人生境界，自觉进入"积极孤独"的学习之中，其行必远。要知道，"共学"一般两周才一次，而"独学"是每天可以进行的。如果说"共学"具有互推力的话，那么"独学"就具有内驱力。

"积极孤独"，更能体现"自主"。独自学习，才会有更深刻的领悟；独立思考，才会有更理性的价值判断；深夜独处，可能更能放飞思想之翼；静坐观心，心路才不会被迷雾遮住。"只有清心寡欲，守望自我，不为世俗所染，才能够集中精力于自己所从事的教育工作，才能成就自己、成就事业。"

没有"合作"的学习，是不行的，"独学而无友，则孤陋而寡闻"。但仅有"合作"的学习，是不够的。"合作"学习，有时会产生从众效应，有时达不到应有的学习深度，"慢思维"学习者的发言机会少。

叔本华曾很夸张地说："人要么独处，要么庸俗。"康德则在家乡的小城研读写作到老，甚至未曾亲眼见过高山与大海。但也许正是这种外人看来极端的孤独，造就了学者们极致的思索。

孤独，或许能成为成就教师专业成长的特殊力量。

## >>> 06 >> 课题学习与学术学习

在我教书的上世纪 80 年代，当时有这样一个话题：中小学教师要不要进行教育科研？

当时在学校里，一个很强势的观点是："中小学教师只要教好书就行了，没有必要（至少不要刻意）进行教育科研。"一位很有威望的老教师说："赵丹一辈子没写一篇文章，照样成为最优秀的演员。"我当时已经发表了几篇文章，觉得用心对教育教学进行适当总结并进行探讨，对我的帮助很大，可是在学校里我就是辩不过他们。但在我们一些年轻教师的谈论中，对教育科研的观点悄悄地发生了变化，有人说："在不影响教学的前提下，搞些研究有什么错？"有人说："上海的老师多数在研究，向上海学习不会错！"有人说："走自己的路，让人去说吧！"

我当时心里是这样想的：当大多数人不重视教育科研时，我先起步，领先一步，大有好处。于是，就有了 1988 年出版的自己的第一本书，就有了 1992 年的百篇论文，就有了现在的教育教学教研成果。

研究有很多方式，但我认为课题研究是教育研究中重要且规范的方式。

从事一项课题的研究，从课题的选题、论证入手，进行文献综述，读他人文章著作，进行课题计划，课题实施，还要进行数据的收集，资料的整理，课题结题等，总之，要经历课题研究和实验的全过程。在完成课题的过程中，参与课题研究的教师学习了许多知识，也培养了科研能力。学会了做课题，就能自学地将实践纳入科研的轨道，学会在研究状态下进行工作，成为一名扎根于中学"土壤"的教育科研专家。

中小学教师的教育研究，主要是通过对自身教育教学行为的自我观察、内省、反思与探究来完成的，是以改进自己的教育教学实践为目的的。因此，反思是教师成为研究者的起点，问题的求证是教师成为研究者的本质。

当教师以"思考"的目光审视校园，以"探究"的姿态从事教育，以"反思"的襟怀走进课堂时，教师无疑就具有了"研究者"的特质。反思与问题同在，反思是否有意义、有成效，关键在于对问题的求证。问题的求证是教师成为研究者的本质规定。课题研究，往往是求证的"利器"。

我为了完成教育部特级教师课题"中学数学学习指导的研究与实践"，阅读了许多数学教育经典著作，国外的阅读了荷兰数学教育家弗赖登塔尔的《作为教育任务的数学》、数学教育家克莱因的《高观点下的初等数学》等著作，国内的阅读了丁尔陞、严士健、章建跃、张思明等数学教育专家的著作。

课题的成果之一，就是写论文或著书。写论文要读不少书，著书就要读更多的书。总体说来，为著书而阅读是一种研读。只有建立在研读基础上的"参考"，才有借鉴的意义和价值。我为写论文读过《精神分析发展心理学》（福建教育出版社 2009 年版）一书，书末所列的参考文献多达 250 本，读者可以想象作者的研读境界。

我写的《好学校之境》（华东师范大学出版社 2016 年版）一书，上篇写"校长成长'步入新境'"，中篇写"教师生长'引入高境'"，下篇写"学校发展'渐入佳境'"，写书之前我大量阅读了关于校长成长、教师生长和学校发展方面的书（尤其是这方面的新书），否则我写不出那个"境"。

争取机会参加学术会议，可以在学术会议中了解学术动态，进行教育争鸣，还可以在学术会议中获取新的知识。要参加某个学术会议，不进行某项课题的深入研究是不行的，而且还要进行实验，不研究、不实验就没有发言权。参加学术会议，往往还可以聆听许多大师、专家、同行对这一问题的观点和真知灼见，你会发现这样的学习观点最新，现场感强，给你留下的印象也特别深刻。

1984 年 10 月 2 日，我坐火车去安徽省绩溪县参加中国教育学会数学教学研究会第二届年会，我的论文《培养初中学生学习数学的兴趣的几点做法》入选，会议正式代表93人，列席代表105人，我是正式代表中年龄最小的，去的时候，我很自豪，心气颇高。

我住的房间，离华南师范大学教育科学研究所的郭思乐老师和江苏省扬州中学的张乃达老师较近，一些老师到他们房间去讨论数学问题，我也去凑热闹。他们在讨论数学思维问题、数学美学问题、数学教育评价问题等，特别是讨论到系统论、控制论和信息论在数学教学中的应用，我听不懂，真的听不懂，马上离开是不明智的，参与讨论是不可能的，根本插不进话，我就装着很勤快，一会儿洗茶具、烧开水，一会儿沏茶、递茶，掩饰自己的无知。又有老师来参与讨论了，我主动让座，找个机会溜之大吉。

伤自尊啊！你以为你是谁？

我暗下决心，回程不走原路，绕到上海买书，疯狂学习。

第二天开幕式，理事会领导作"总结经验，更加广泛深入地开展数学教育科学研究工作"的发言，我得知大会收到论文121篇，在初评的基础上，经过严肃认真的审阅、评议、投票，评出二等奖5篇，三等奖15篇。

北师大丁尔陞教授作"贯彻'三个面向'精神，推进数学教学改革"的主题发言，人民教育出版社张孝达先生作题为"大面积提高初中数学教学质量"的报告，上海市青浦县顾泠沅老师作主题为"改革数学教学的一项实验研究"的发言等。报告都非常精彩。论文内容涉及面广，有中学数学教学成就的概论，有关于计算机教学的探讨，有思想教育的论文，也有关于考试命题、教学手段方面的研究，还有大量的关于教学方法改革实验的文章。第一次见到那么多的论文，第一次见到那么多人在讨论数学教育问题，甚至还发生了激烈的争论，让人眼界大开！

黄山会议后，我便乘汽车到上海，碰巧的是我竟然和顾泠沅老师坐在一起，一路上我们谈了许多数学教育问题，更多的是我向他请教。他到青浦先下了车，我看到他远去的瘦弱的身子，心头一阵酸楚，从事数学教育研究和实验是多么的辛苦啊！等我第二次见到顾老师的时候，他已是数学教育界的著名专家了，他"走在乡间的小路上"研究的"青浦实验"在全国推广，我们在福建省漳浦县见面了，他来为福建省数学教学研究会年会作专题报告。

黄山会议，刺激了我，激活了我，也让我遇见了顾老师。22 年后，我出版了"教育家成长丛书"系列中的《任勇与数学学习指导》一书，顾老师为我写了书评《平实中的超越》，刊登在《人民教育》2006 年第 20 期。

## >>> 07 >> 网上学习与参观学习

对于教师来说，学会网络学习，具有非常重要的意义。因为利用网络进行学习是现代社会每个人必备的基本能力之一；网络学习为我们走出教室、走出课本、走向更广阔的学习领域创造了一个崭新的平台。

网络，提供大量信息，查询快速便捷。网络是一个巨大的资源库，走进网络世界，就走进了知识的海洋。网络也是一座巨大的图书馆，里面有大量的信息供学习者去搜索查询，而且速度特别快，许多资料在几分钟甚至几秒钟之内就可以找到。

网络，创设空中课堂，让人们自主选择学习。网络，不仅具有海量的信息可供查询，还为我们架起了"空中课堂"。许多网站设有专门的网上学校，这些网上学校课程多样、内容丰富，可供学习者自主选择学习。有的网站有课程资源、专家讲座、相关链接等；有的网站，将教师教学、学生学习、自学资源分类组织在一起，供学习者挑选使用。

网络，时有互动交流，在线学习生动。随着网络建设的不断完善，网络又为我们提供了学习互动的平台。在线学习、××学习论坛、××聊天室等，都可以进行人际互动和信息交流。这种交流，不仅可以使教师的学习得到指导，而且由于带有一定的匿名性，所以教师可以大胆地在网上说出自己的心里话，与大家进行更深入的交流。

网络学习已成趋势，教师要学会巧用网络。

一是学会使用常用工具。教师一定要学会使用常用工具，如如何发电子邮件，如何在BBS上发自己的帖子，如何使用搜索引擎搜索自己所需的资料，如何利用 QQ 参加网络互动活动。电子邮件、BBS、论坛、QQ 聊天室、微信等，是在网上与人进行交流的必备工具，而 Google、百度、网易、Yahoo、搜狐等搜索引擎，则是网上搜索信息的必备工具，教师应及时学会。

二是逐步熟悉网上技巧。学会了网络常用工具，并不等于说就可以畅游"网海"了，我们还要逐步熟悉网上技巧。比如，如果我们对网址不太熟悉，可以从"上网导航"或"网络频道"等站点的导航栏目中链接到热线站点；或者在地址栏直接输入你所希望查询的网络实名（即网址中文名称）。又如，Web 搜索引擎的搜索技巧：使用逻辑词（和、或、否等）辅助查找；使用双引号进行精确查找；使用加（＋）减（－）号限定查找；使用范围限制进行区域查找等。再如，软件下载的技巧，用浏览器直接下载和使用断点续传工具下载等。

三是在线学习注意交流。一般的网校都设有学习论坛，教师要学会在学习的同时，及时利用学习论坛与他人进行网上交流。网上学习或交流时，对于自己不明白的知识点和教学问题，要先有自己深入的思考，自己确实无法解决再提出来，不要自己不动脑筋就"及时"提问。在提问时，由于网上交流一般要用键盘把问题敲入个人电脑再通过网络使对方看到，因此就需要教师对自己的问题做到"清晰而具体"。

网络已成为教师迅速成长的一个极好平台，教师理应激情邀游"网海"，同时注意安全"冲浪"，做智慧的"网人"。

网络是学习的工具，网络是学习的对象，网络是学习的资源，网络是学习环境，网络是我们共同的家园。学会利用网络学习，是现代教师的一种基本素质。而教师学会在网络环境下学习也是校本学习成功实施的必备条件。

网络学习，总的说来是虚拟的。走出去看看，"读万卷书，行万里路"，参观学习也是极为重要的学习。有机会，还是应该走出去，看看外面的世界，看看别人是怎样办教育的，是怎样教书育人的，是怎样进行素质教育的，是怎样治学的。参观学习能给人一种感性认识，获取一些实用性很强的资料，能和有关人员交流感兴趣的问题，留下比较深刻的印象。

正所谓，行万里路，不见高山不知平川，不见大海不知自己乃沧海一粟，不见智者不知自己的肤浅，不见真正的大家不知自己今天还有太多的成长空间。

我参加骨干教师国家级培训时，数学系为我们安排了到北京名校的参观学习活动。我们参观了校园，了解了学校概况，听了多节数学课，在听课中学习了许多好的教学方法，如北京二十二中孙维刚老师的"宏观把握，大胆超前，师生互动，情感沟通"，北师大实验中学马成瑞老师的"一题多解，一题多变，探究思维"，北师大二附中夏老师的"快速思维训练"和"学生主持数学解题"，天津四中的"问题—探究—问题"教学实验，人大附中的"数学建模"活动等，都是很值得我们借鉴的。

"外面的世界很精彩"，会给我们提供有益的启示，但"走出去"要先"备足课"，初步了解要考察之处的基本情况，带着问题和困惑去学习，这样的学习，才会有更多的收获。

## >>> 08 >> 探究学习与拓展学习

    教师即研究者，这不仅是新时代对教师提出的要求，也是教师专业成长的目标。

    研究性学习是近年来国际教育改革所倡导的学习理念和学习模式。从教师角度而言，我们倡导探究性学习，目的就是要着力培养教师的问题意识、创新精神、探究能力（包括研究指导能力）、个性风格和乐于探究的心理倾向。

    教师唯有以研究者和体验者的眼光审视、分析和解决教学中、学习中的问题，在学习中探究，在探究中学习，才能更好地促进自身的专业发展。

    研究性学习是从自身学习、从生活和社会实践中选择和确定研究专题，以类似科学研究的方式主动地获取知识、应用知识、解决问题的学习。开放性是研究性学习内容选择上的主要特点，问题性是研究性学习内容呈现的主要方式，综合性、社会性和实践性是研究性学习内容组织时应该重视的几个方面，自主性、探究性和创新性是研究性学习的鲜明特征。

    当下学生的研究性学习越来越得到学校的重视，作为教师也要在这方面"下水"。

    探究学习是围绕一定的问题、文本或材料，自主寻求答案、意义、理解或信息的一种学习方式。教师的探究学习，是由教师自主提出问题，确立主题，围绕主题展开探究，最终解决问题、获取知识、应用知识的过程。

    探究学习，可以是建立在理解教材基础上的探究。教材中的基本概念、基本史料、学科思想、范文案例等，都可以从一个或几个方面进行探究。就理科的例题来说，教材往往只给出一种解法，教师就可以从一题多解、一题多变、一题多用入手进行探究，还可以进行"从一道题到一类题"的探究。深度发掘教材，给教师的探究提供了广阔的空间。

探究学习，可以是建立在备好教法基础上的探究。比如，探究"教学风格"问题。形成独有的教学风格，是广大教师孜孜不倦的追求。教学风格具有哪些基本特点？有哪些类型？教师如何达成？又如，探究"理想课堂的价值追求"，就能"探出"理想课堂至少应追求传递知识、探究创新、人文精神、交流合作、个性发展、适应未来发展的价值。

探究学习，可以是建立在兴趣爱好基础上的探究。比如，数学教师探究"趣味数学"问题，就可以从理论上、类型上、方法上进行探究，还可以分出类型，诸如对"黄金分割""拓扑数学"等进行细探。又如，语文教师探究"唐诗品鉴"，美术教师探究"创意美术"，生物教师探究"生物中的数学现象"等，只要"探"出了境界，就是这一方面的小专家。

一个教师，尤其是中小学教师，不能仅仅掌握学科专业知识。仅仅掌握学科专业知识的教师，一般说来是很难成为大师的。理科教师，要精通专业，知晓自然科学知识，还要学习人文科学知识；文科教师，也要精通专业，知晓社会科学知识，还要学习自然科学知识。

中国数学会网站介绍严加安——中国科学院数学研究所院士，用的标题是"严加安院士：解析得了数学，写得了诗书，这是个有趣的灵魂"。在严院士看来，科学与艺术能够相互交融、相互促进，他根据自己从事概率论研究的体会而作的《悟道诗》——随机非随意，概率破玄机。无序隐有序，统计解迷离——表达了他对概率统计学科本质的彻悟。

由此，我们似乎可以这样认为：数学教师的学习，学习知识是一个层次，学习数学教学是高一个层次，学习数学教育是又高一个层次，学习数学文化就又高了一个层次，如果上升到学习教育文化，就是更高的一种境界了。"拓展学习"是一种从专业到"泛专业"的学习过程，围绕专业的拓展学习，是提升教师精神境界和开阔教育视界的有效方式。

一段时间以来，新闻教育界出现了一个热词：泛专业化。围绕"泛专业化"与专业价值理念，人们展开了论争。

人们认为，一直以来，新闻教育在"泛"与"专"之间游移不定。新闻职业泛专业化的固有特性，加之新媒体的崛起，使得传统新闻教育已难以适应当前我国传媒发展的新格局。高校必须抓住我国传媒体制转型和"泛专业化"带来的新契机，重新审视专业教育的价值，真正实现从规模扩张向内涵式发展的跨越。他们强调，必须首先要着力培养学生的新闻思维，在"泛专业"中确立专业性定位。

联想到"师范教育"，也有重专业教育轻"泛专业"教育的情况。师范教育，首先必须坚守学科专业教育的价值，同时也要加大力度研究"泛专业"教育问题。比如，在中小学中非常重要的班主任工作、教育科研、阳光体育、健康教育、科技活动等，往往成为新教师的弱项。

学科教师的"泛专业"学习，似有如下路径。

一是可以从本专业的"短板"学起。比如，"学科竞赛"是你的"短板"，你就可以先学这部分内容。我很欣赏这样一段话："如果说，一名中学生，他有可能选择是否接受竞赛数学的培训，那么，一位中学数学教师没有理由对中学数学中的这一'高档菜'毫无所知。"

二是可以从本专业的"边缘"学起。比如，语文学科的"灯谜""对联"，数学学科的"幻方""不定方程"，体育学科的"跆拳道""桥牌""围棋""象棋"，艺术学科的"戏剧""朗诵""摄影"等，"边缘"之学可以让教师对本学科有更全面更深刻的认识。

三是可以从本专业的"科际"学起。当今世界，学科具有综合化趋势，学科之间相互渗透，巧妙地联系各学科知识进行本学科教学更能激发学生的学习兴趣，活跃课堂气氛，提高学生的综合思维能力，也是师者具有内涵底蕴的魅力之道。

四是可以从"大学科"的视角学起。刘笑天老师在《教师读书不要太"专业"》一文中认为，有不少教师只读本专业的书籍，听他们讲演，其专业素养和专业视角让人仰望，但专业之外的情怀、趣味、境界却难以令人同样仰望。他们作为读书人毋庸置疑，只是作为教师如此读书，无疑存在致命的缺陷。

## >>>09>> 虚心学习与传播学习

毛泽东同志说:"虚心使人进步,骄傲使人落后。"三人行,必有我师。为学者,"虚怀若谷"必有大益;为师者,当虚心学习。

向专家学习,向名师学习,向老教师学习,相对容易些,大家能接受,有学习的积极性。

为师还要向同行学习,向同行学习实际上就是团队合作学习,这种充分发掘和利用团队中有利于教师专业发展的各种资源的学习,是促进教师专业发展的有效途径。

为师还要注意向年轻教师学习,年轻教师相对经验少些,但年轻教师条条框框少,有激情有创意,在利用媒体方面有自己的优势。

如果教师还能向学生学习,就更好了。学生的许多想法,往往是我们老师没有想到的。我写过一篇文章,题目就叫作《来自学生的巧解妙证》。

不耻下问,虚心学习。"下问"是一种境界,因为"下问"确实难于启齿,往往要经过思想斗争,必须放下架子,不怕丢面子,不以"下问"为耻,要诚心诚意请教学习。

欣赏同事,虚心学习。欣赏同事,"文人相亲",是师者发掘同事优点、特长和某种技能的一种良好心态,是师者待人的一种平和、平等的态度,在强化他人中升华了自我。

懂得感恩,虚心学习。感恩,是一种谦卑的态度,是发自内心的充满爱意的行动。常怀感恩之情,就多一份静心学习之境,少一份挑剔麻木之举。

学会尊重,虚心学习。尊重,是一种修养,是一种品格,也是一种谦逊。

"榜样"处处有，学会了尊重他人，我们才会虚心地向他人学习，取长补短，进而丰富和发展自己。

赞美他人，虚心学习。赞美他人，你与他人之间的关系和氛围就会因互相谦逊而顷刻间变得和谐美妙。真诚地赞美，为虚心学习创造了一个良好的人文基础。

传播，包括很多形式，比如出版著作、讲课、讲学、讲座、各类讲话、题词作序等，我在这里把传播主要界定为"三讲"，即讲课、讲学和讲座。要讲给别人听，你能不学吗？在不影响工作的前提下，适度传播，你就能在传播中"丰富学识"。

讲课，是最好的传播教育思想的舞台。魏书生舞之、孙维刚舞之、程红兵舞之、邱学华舞之，舞出了课堂里师生生命中一段精彩而难忘的经历。我也舞之，我试图舞出一个充满智慧的课堂，一个充满诗意的课堂，一个充满美感的课堂。

我在厦门当老师、当校长和当局长这些年，给小学生、中学生、本科生、研究生都讲过数学课，传播我"好玩·玩好·玩转"的数学教学主张；给名校、中职学校、外来务工子女学校、农村学校的学生讲课，传播我的"让学生灵性生长"的教育理念；贵州凯里的少数民族学生、内蒙古白云鄂博矿区的矿上学生、澳门濠江中学的学生，我都给他们讲过课，传播我的"学习指导方法"。

讲学是传播的主要形式，要讲学，就要系统钻研、深入实践，这样才有深度和新意，对自己的学习与提高很有帮助。另外，一个地方举行一次教研活动，往往请多人讲学，这又是一个学习的大好机会，我曾与朱永新、魏书生、李希贵、刘彭芝、窦桂梅等老师一起讲过学，"顺便"听了高水平的讲座，获益匪浅。

讲学，有相对固定的讲课内容和学生，公开讲述自己的学术理论。比如作为北师大兼职教授，我为北师大本科生、研究生、委培生、进修生讲学，就属这种。我到北大、华东师大、厦门大学、福建师大、集美大学、福建教育学院等的讲学亦然。一个"龙岩师专"的学子能到北大、北师大讲学，别有一番感受。

讲座，多为有关部门临时邀请的讲学。比如，我作为教育部特级教师讲师团的成员之一，必须接受委派到指定地点讲座；比如，我作为西部教育顾问，也必须到西部去讲座；比如，厦门支援宁夏、支援重庆、支援龙岩等，我也有不少讲座任务；又如，我是教育部教师"国培计划"首批专家和教育部校长"国培计划"首批专家，因此成为许多高校的讲座教师，经常应邀为教师、校长讲座，"名师成长的新境界"是最受老师们欢迎的一个讲座，"校长力及其修炼"是校长们最爱听的一个讲座。

要"三讲"——讲课、讲学和讲座，就要公开讲述自己的学术理论和实践探索，这些理论与实践的成果，可以说都是建立在阅读研究基础上的。所讲之题，若是我相对熟悉的，为了讲好学，是需要再阅读、再研究的；若是我相对不熟悉的，我更是要查阅各种资料，收集与所讲之题相关的书籍集中研读之。

初为人师，学校让我讲"新科技的发展现状与趋势"，这对我这个数学教师来说是极大的挑战。我读遍了我家所藏的所有科技书，又到学校图书馆找了许多科技书来读，还钻进县里的图书馆读科技书，到了这种程度还是不敢讲。后来发现有个学生家长是科技专家，我就上门请教并借来新近出版的许多杂志书籍参考，这才整理出一个讲稿，敢上台讲。为了一个讲座，我读了多少书！

传播，的确是一种很好的学习方式，一定不要把它当成一种负担，在不影响工作学习的前提下，适度传播，你就能在传播中得以提升，进入一种全新的教育境界。

**专业学习与跨界学习**

家里的电视机出了毛病，邻居物理老师自告奋勇要来帮助处理，我家属很自然地问了句："你专业吗？"物理老师笑了笑，说："我试试"，说着就要动手。我家属很礼貌地拦住，也笑了笑，说："别，别，你挺忙的，还是请专业的来修吧。"

修电视机，要请专业的。这岂止是我家属一个人的观念？

现代专业价值观告诉我们：没有专业素养，就没有专业地位；没有专业能力，就没有专业报酬。

管建刚在《不做教书匠》一书中有这样一段精辟的论述：职业的专业形象不是由职业本身赋予的，它是由一群具有专业水准的工作着的人赋予的。职业的专业形象也不是几张诸如"教师资格证""教师职称证书"就能赋予，尽管学生、家长和社会都称我们为"老师"，但如果我们不能以行动赋予教师专业形象，教师专业形象就不会有实现的一天。

教师的专业形象是由教师的素养、教师的文化、教师的气节、教师的胸怀、教师的智慧等诸多方面综合形成的。

教师的专业学习非常重要，至少有如下四条路径。

一是基于校本研究的专业学习。校本研究实质上是将学校实践活动与教育研究密切地结合在一起，使教师成为校本研究的主体，最终使教师成为研究者。一项校本研究，会带动一批教师素质的提高，促进教师专业学习。教师素质的提高，又促使下一轮校本研究的深化，也就反过来要求教师必须提高自身的研究水平。教师研究水平的提高，又会在更高层次上促进教师专业学习与发展。

二是基于教学实践的专业学习。教师实践性知识是经验的，也是智慧的，其对教师专业发展有着不可替代的作用。教师实践性知识的学习，可通过多方面的交流和传承、多方位的思考和感悟、多层次的合作研究、多角度的教育叙事、多领域的社会实践来实现。可以说，行动研究是为了解决理论与实践相分离的弊端而建立起来的，其对促进教师专业学习与发展有现实意义。

三是基于教学反思的专业学习。《面对恐慌，授予锦囊》是郑金洲先生为"教师成长锦囊丛书"作的总序，文中说本领恐慌有素质恐慌、职业生存方式恐慌、角色恐慌和成长恐慌，还说克服本领恐慌是每位教师都要解决的问题，故授予锦囊之一"教师反思的方法"，可见反思对教师职业发展何其重要！因为反思是教师专业学习的必要条件和有效途径，为教师专业学习提供可能和内在动力，有助于教师提升教学经验并将其升华为实践智慧。

四是基于信息化环境的专业学习。教育信息化的功能特征包括：增强教育系统的活力、创设适合每一个师生学习的环境、提高师生适应信息社会的能力、提升教师的持续性专业学习水平、改善学校与社会之间的互动。教育信息化促使教师教育理念的现代化，加速教师角色转变，促使教师素质的现代化，促使教师教学方法的现代化。

我国中小学教师，绝大多数有一门自己所教的学科，按学科分类进行教育教学，肯定有它的好处，但"固守"学科也肯定有它的不足。绝大多数教师很少考虑学科之间的联系，其结果是必然禁锢和封闭思维的发展。学科教学的"深挖洞"已经挖得很深，而学科教学的"广积粮"，却无"广"可言。

跨学科学研，就是教师有意识地跳出自己所教的学科，去学习、研究其他学科的知识、教师教学情况和学生学习情况，再类比迁移到自己所教的学科中去，以及在自己的学科教学中进行学科间的"横向联系"。跨学科学研，至少可以先从跨学科听课、跨学科教研和跨学科阅读做起。

"跨界学习"，顾名思义就是跨越边界的学习。"跨界"包括跨行业、跨领域、跨文化、跨时空等。跨界学习是向外界学习的一种新型学习方式，此外，教师还要有意识地从"跨学科学研"走向"跨界学习"。

　　师者，不可不读专业书，又不能都读太"专业"的书。

# >>> *11* >>  时时学习与处处学习

时时可学，是一种动态的学习理念。到学校可学，回家了也可学；正规学习是一种学习，偶然学习也是一种学习；走出去，开阔眼界，参观学习，请进来，聆听大师，高端学习。抓住任何时机学习，灵活创新地学习，也是一种基于自主的学习。

学习不仅仅是在课堂，处处留心则时时处处可学。连激烈的省运会比赛现场也不例外。

在福建省第十二届运动会上，厦门一中的董鹭华同学以1米97的成绩为厦门代表团在本届省运会上夺得一枚跳高金牌，同时打破省15岁组的最高纪录，而他参加的4×100米接力也获得了该项目的银牌。为了不落下学习，董鹭华是带着中学课本到福州来参赛的。

一部《在北大听讲座》，一时间成为热潮。聆听大师讲座，可以开阔视野，学会治学，发展能力，探索合作，建立友谊，给人知识、智慧和启迪。一次精辟的讲座，往往内容丰富，耐人寻味，发人深省，给人以领悟和启迪，甚至"一听"铭记在心，终身受用无穷。

抓住机会听讲座，是一种很好的学习。

时时学习，就是要求我们时时刻刻都要有学习的意识，时时注意学习提升。这种"时时"，体现在上课时、下课时、集中时、分散时、听课时、评课时、活动时、聊天时、游玩时、旅行时，时时积累，"滴水成河"。

随着信息技术的发展，网络化、数字化、个性化、终身化的教育体系形成，为教师时时可学提供了更多的机会和可能。尤其是手机微信的便捷和普及，微信里几乎每时每刻都有可学的内容，如何充分利用微信进行"时时学习"成为教师必须在实践中进行探索的一个新课题。

处处可学，也是一种动态学习理念。课堂里可以学，家里也可以学；研究基地里可以学，社会大课堂里也可以学。

我每次出差，都要带上好几本书和笔记本电脑，就是要在出差的过程中学。走到哪里，就学到哪里。就算飞机延误了，也可坐在候机厅一角读书，环境不比家里差。

一次，我出差到海口，返回时到机场过了安检，被告知飞机至少要七个小时之后才有可能到达，然后决定是否起飞。

我决定在机场"干活"。于是找了一个僻静处，坐在地上，把电脑放在椅子上，开始处理近期的一些"杂务"。一是写"校长论坛"稿，虽平时有些积累，但一直苦于没时间"下手"，现在时间"送上门来"，就一口气写成了一篇——《校长课程领导之"走向"》；二是整理校长课程班的讲座稿：文化力、领导力和执行力之修炼，并制成PPT；三是草拟了某刊物的约稿"多媒体网络教学十问"。累了，就把机场送来的晚餐给消灭，算是休息。期间，还读了半本书。

有人作过统计，如果把每天的零碎时间集中起来，足有三个小时之多，一年加起来就是 1095 个小时，你若每晚"干活"四个小时，就相当于一年内多干了 273 天的活。

要做到时时、处处学习，一是重视，二是坚持，三是有方，具体的方法可以摸索。宋代文学家欧阳修做文章打腹稿多在"三上"，即"马上、枕上、厕上"，我们应该学习他的这种精神，见缝插针，充分利用时间。

我家到单位仅 15 分钟的车程，我在车上放了几本"大部头"的书，上下班就在车上看，一般一个月啃下一本"大部头"。随身的小包里，放上书、笔、笔记本和小纸片，有条件时可以带上手写笔记本电脑，遇有零碎时间和适当场合就可以做点事——或读书或查点资料或写点东西。比如开会前、演出前、宴席前的一段时间；飞机延误的时间；等人（尤其是到机场接人）的时间等。只要处处留心，就有"时时"可用。

稍微留意一下，养成在未来几天里"发现""可用之时"的习惯，考虑充分利用好这些时间，会有意想不到的成效。比如，旅途中，坐动车、坐飞机、坐汽车下乡等，皆有大段的"可用之时"；到福州开两天会，住三个晚上，这三个晚上就是很好的"可用之时"。又如，陪客人去鼓浪屿，为了省门票，客人去日光岩，你在下面等，这又有一个多小时的"可用之时"。只要用心，就连生病挂点滴，也是"可用之时"。

# >>> *12* >> 自主学习与被逼学习

自主学习，就是在自我监控下的学习，这是一种高品质的学习。这意味着学什么、学到什么程度由自己确定，学习方法自我选择，学习过程自我控制，学习结果自我反馈。

教师的自主学习，能培养教师主动发展的能力，使教师形成良好的学习品质，培养教师充分的自信心和创造意志力，保护并激发教师的学习力。

自主学习，一般是在自己的监控下进行的，教师要努力提高自己的自主学习能力。对下面的 11 个问题，如果你回答"是的"越多，你的自主学习能力就越强：寻求新的学习机会；应对挑战，敢于冒险；对概念、物体、时间和素材表现出兴趣和好奇；寻找其他必要的文字、电子和多媒体信息；找出问题进行解决，开展调查，提出疑问进行进一步探究；完成任务无需敦促，显示出积极性和主动性；自信而积极地探求新的学习领域；提出新的想法，设计创新程序；尝试多种学习活动；必要时寻求帮助；创造性地运用信息技术促进自己学习。

自主学习的目的是变"要我学"为"我要学"。

一个教师，若对学习处于"要我学"的状态中，学习对他来说，就是一种苦役、一种负担；若对学习是一种"我要学"的境界，学习对他来说，就是一种需要、一种享受。

为师"我要学"，是一种精神状态，是一种进取精神。

"我要学"强调的是学习的主动性、独立性、自控性。"我要学"也是教师实现专业自主发展的关键因素。

我在闽西山区教书时，相对来说信息闭塞，我就通过订阅报纸杂志了解外面的世界、了解数学教育研究与实践的情况，这是十分有效的方法。我当时订了可以订阅或邮寄的23种数学杂志，当时收入有限，拿出那么多钱订杂志，是要下很大的决心的。

杂志一到，我就马上读，几乎是"读红"，就是每页都读都划还写下批语，同时做目录分解，以便日后好查询。有时，看完目录中的某个题目，自己就想"这个题目让我来写，我会怎样写？"把自己的写作框架拟出来，再打开对照，是别人写得好还是我的框架妙。那段时间我读了大量的数学教育文章，为日后的研究奠定了深厚的基础。

学校没有要求老师订杂志，更没有要求订那么多的杂志，也没有要求老师一定要读专业杂志。当年之举，现在看来就是自主学习。

还有一种学习，不完全是自主的，很大程度上是被逼出来的，我把这种学习称为"被逼学习"。我曾经写过一篇《被逼的阅读也精彩》的文章，文中列举了14种"被逼"而阅读的情况。这里挑几个与读者分享。

为"论文"而"被逼"阅读。读专业杂志中的论文，你会发现文末多有"参考文献"。为了"参考"，是要读好多书的。2015年第3期《课程·教材·教法》中《西方快乐教育思想之传统》这篇文章的"参考文献"就列出了34本著作，这34本著作，作者能不读吗？其实，为了写论文，要读的书远不止这些，我们也读许多与论文选题有关的书，只是这些书对所写论文参考价值不大而未列入。我的《研究民族学习思想，深入进行学法改革》发表在《教育家》杂志上，读者可以想象一下，我为了写好这篇论文，要读多少书？

为"发言"而"被逼"阅读。别以为发言很容易，无论是当校长还是当局长，我的发言稿大多自己写。自己写，发言时很自然很流畅，也容易脱稿讲。面对不同的发言场景，要讲得到位、生动，我还是要阅读些相关的书。我在厦门一中开学式上要讲学校文化，就得阅读学校文化管理之类的书；我在运动会开幕式上发言，就得阅读学校体育方面的书；我参加"教育国际化"论坛，作"教育国际化：我们期待什么？"的发言，为了这个15分钟的发言，我至少读了《中国教育报》近三年来这方面的文论，发言后，记者纷纷向我要这篇发言稿。

为"指导"而"被逼"阅读。我作为福建省名师名校长培养工程的专家，每年都要带一些名师名校长培养对象，这些未来名师名校长都是很有思想的，我要指导他们能不读书吗？我指导的老师要凝练教学主张，我总不能连教学主张、教学风格等都不懂吧？要懂就要找书和刊物来读啊！我指导的校长要写一本《核心素养悄然落地》的书，我就要抓紧阅读关于"核心素养"方面的书刊。

为"考察"而"被逼"阅读。"走出去"看外面的世界，外面的世界很精彩，会给我们提供有益的启示，但"走出去"要先"备足课"，初步了解要考察之处的基本情况，带着问题和困惑去学习。参加教育部赴法国教育考察，行前我读了法国教育的诸多书籍，对法国教育有了一个大致的了解。我参加厦门市赴深圳市考察学习型城市建设，行前读了《学习型组织新思维》《学习型城市概论》《学习型学校论》等书籍。

为"交流"而"被逼"阅读。由于工作的需要，我经常要接待外地来厦交流活动的团组，也经常要带老师或校长外出交流。为达到良好的交流效果，我就要事先对交流主题进行学习。台湾专家来厦门交流，主题是"课程美学"，虽然我对"课程美学"有一点了解，但要面对专家进行交流，我原有的那点"货"是绝对不够的，必须抓紧做"功课"，于是我在知网上把"课程美学"方面的文章阅读了一遍，摘要出一些前沿观点。交流后，台湾专家说我的发言很有水平，我心知肚明——"交流能得好评价，为有之前阅读来"。

其实，"被逼"之阅读，并不是都没有"自主"。一个人要把"被逼"之事做得更好，就要在"被逼"的情况下自主阅读，许多时候还要步入研学之境。

## >>> *13* >> 精一学习与随意学习

王梓坤先生在谈到读书方法时，非常推崇林黛玉的学习方法：从精于一开始。

我国著名古典小说《红楼梦》第四十八回讲了一个故事：香菱向黛玉请教如何作诗，黛玉说："我这里有《王摩诘全集》，你且把他的五言律一百首细心揣摩透熟了，然后再读一百二十首老杜的七言律，次之再把李青莲的七言绝句读一二百首；肚子里先有了这三个人做了底子，然后再把陶渊明、应、刘、谢、阮、庾、鲍等人的一看，你又是这样一个极聪明伶俐的人，不用一年工夫，不愁不是诗翁了。"诗来源于生活，林黛玉的这种学诗方法当然是片面的，作家应该深入到实际中才能找到诗歌不竭的创作源泉。如果是为了继承古代诗歌的优秀传统，并从前人的创作中吸取经验，她的意见却有可取之处。

王梓坤认为，林黛玉的学习方法对初学自然科学的人也有参考价值。现代科学，面广枝繁，不是一辈子学得了的，唯一的办法是集中精力，先打破一个缺口，建立一块或几块根据地，然后乘胜追击，逐步扩大研究领域。此法单刀直入，易见成效。

我觉得，精于一的学习也完全适用于教师。

教师要建立研究据点，必须认真学好最基本的专业知识。人生有涯而学无涯，如果没有抓住重点进行学习就可能杂乱无章，形成不了体系。我教数学，数学竞赛是一个系列，我必须在一段时间内把数学竞赛的经典书籍"细心揣摩透熟"，再扩大区域研究与数学竞赛有关的其他书籍，这样就在"数学竞赛"方面打下了全面而扎实的基础。

为了研究教育信息化，我们可以请专家推荐相关书籍，最好是公认的受教师喜爱的书籍。这些好书，读时可能很费力，读懂了却终生受益。我早年读了《创新与变革：教育信息化的核心价值》（科学出版社），近年又读了《互联网＋中小学教育》（科学出版社）、《互联网＋教育》（中国经济出版社）、《翻转课堂与微课程教学法》（北京师范大学出版社）、《教师的互联网素养》（福建教育出版社）、《重新想象学习：互联社会的学习变革》（中国人民大学出版社）、《学习与创新：互联网时代如何做教师》（高等教育出版社）等书，还读了华东师范大学出版社出的魏忠老师的信息和互联网风潮背景下的教育变革三部曲：《教育正悄悄发生一场革命》（2014）、《教育正悄悄发生一场怎样的革命》（2016）和《静悄悄的教育变革》（2017）。

我当校长时，觉得张楚廷所著的《校长学概论》很适合我读，于是精读它，读透它，然后再"博览群书"——《校长学》《校长素质论》《成功校长的实践与研究》《现代学校管理学》《给校长的建议：101》等。这样就等于打开了一个缺口，建立了一个根据地，然后再乘胜追击，逐步扩大"作战"领域。

精于一的学习，也可以分层次进行。如"创新教育"专题，我是这样从高层往低层学习的：《创新教育》—《脱颖而出：创新教育论》—《创新教育与学科教学整体改革实验指导》—《教师创新行为案例与评议》—《创新教育百例创新教育百忌》等。这样对"创新教育"就有一种"一览众山小"的感觉。

精于一的学习很重要，随意学习、读些闲书也未尝不可。灵感，往往来自读闲书。

吴非先生曾在《教师月刊》上发表过一篇名为《何不读些闲书？》的文章，吴老师说，你可以坦然地告诉别人你在读闲书。读闲书没有什么不好，特别是在当下，一个人的视野广阔，获取智慧的几率就更高，更不用说他是在"闲"的状态下自由获取的，而不是"攻读""苦读"的。

吴老师还说，好多闲书是聪明人写的。聪明人之所以聪明，可能在于博览群书，世事洞明；聪明人一直在动脑子，往往样子很闲。他们写的书不一定和你的专业有关，但他们的书里描述的各种人、事、物的情状，往往比"正书"有益。

当然，虽说随意而学、读些闲书好处多多，但也要"择善而读"，因为"开卷未必全有益"，比如那些海淫海盗、低级趣味、观点偏颇、知识错误的书，开卷不仅无益，反而有害身心健康。曾纪鑫在《开卷有学问》一文的结束语中这样说："一个人的思想内涵、素质修养、行事风格等，与阅读密切相关。读什么样的书，如何开卷，不仅有学问，且学问甚大，不可不慎！"

凌宗伟先生甚至直言：有些书是不能读的！东拼西凑者，不读；胡编乱造者，不读；自以为是者，不读；脱离实践者，不读。书，非选不能读！否则，读之愈深，害之愈甚。

精于一的学习，让师者更"专"；随意地学习，让师者更"博"。"精于一"，需专家引领明晰路径；"随意学"，宜挑选好书广泛浏览。

# >>>*14*>> 纵向学习与横向学习

　　说到教师的学识，我有这样一个观点：教师要"一切知识懂一点，一点知识懂一切"。

　　德国化学家利希腾贝尔格曾说过："一个只知道化学的化学家，他未必真懂化学。"化学家如此，教师亦然。教师应广泛涉猎人类文化的众多领域，逐步积累广博的知识与技能，加强对相关学科知识的学习，以求触类旁通之功效，做到"一切知识懂一点"。既"专"又"杂"，是时代对教师的要求。唯其如此，才能有更深刻的"预设"，也才有无法预约的精彩"生成"。"一切知识懂一点"，就是教师学识的"广博"，是一种"横向学习"。

　　苏联著名教育家加里宁指出："教师应该首先精通他所教的学科，不懂得这一门学科或对这一门学科知道得不很好，那么他在教学上就不会有成绩。"因此，为师者在自己所教的专业领域的某个层次里应"懂一切"。懂本专业的历史、现状和发展趋势，懂本专业的特点、方法的应用等。"资之深则左右逢其源"，教师的专业造诣愈深，则他们在教学中的回旋余地也越广。"一点知识懂一切"，就是教师学识的"精专"，是一种"纵向学习"。

　　就中小学教师来说，"横向"和"纵向"是相对而言的。

　　以数学教师为例，抓住某个专题（如最值问题）深度研学，就是"纵向学习"，而进行数学与其他学科联系的研学，就是"横向学习"。我家的书架上就有《数学与文化》《数学与文史》《数学与文艺》《唐诗与数学》《寓言与数学》《麻将与数学》《文物与数学》《音乐与数学》《心灵的标符——音乐与数学的内在生命》《数学与军事》《数学与经济》《数学与教育》《数学与哲学》

《数学与创造》《数学与未来》《数学与美学》《数学与美术》《数学与金融》《数学与建筑》《数学与计算机》《数学与人》《数学与科学进步》《数学与生活》《数学与人类文明》《数学与智力游戏》《神话中的数学》《文学中的数学》《运动场上的数学》《故事中的数学》《社会科学中的数学》《数学科学与辩证法》《生物数学趣谈》《印刷数学》《趣味数学——扑克游戏全攻略》等书，每本读下去，都挺有意思。

数学的纵向学习，让数学教师系统地研学一类问题，尽可能地把这类问题的所有情况研究透，这种对一类问题的深度研学，往往体现一个教师的专业水准。

数学的横向学习，将数学与其他学科联系，是数学文化外延的具体体现，蕴含数学的科学价值、文化价值和美学价值，往往体现一个数学教师的文化水准。

教师作为教育工作者，其"横向"和"纵向"又有另外一番景象。

就教育的某一专题进行深入的研学，是"纵向"。以"核心素养"为例，我们可以读林崇德教授主编的《21世纪学生发展核心素养研究》，余文森教授著的《核心素养导向的课堂教学》，杨九诠教授主编的《学生发展核心素养三十人谈》，黄光雄、蔡清田教授著的《核心素养：课程发展与设计新论》，高茂军、王英兰教授主编的《核心素养引领下的课堂教学革新》等书籍；往下就可以结合所教专业择书而读，中学数学教师可以读蒋海燕老师的《中学数学核心素养培养方略》，语文教师可以读邱道学老师编著的《阅读、评点与写作：语文核心素养提升之路》，各科教师可以读王磊老师主编的"学科核心素养丛书"，物理教师可以读其中的《基于学生核心素养的物理学科能力研究》等；再往下就可以读各类刊物中涉及核心素养的文章，这些文章可以在中国知网上搜索下载阅读，一般说来，发表在《教育研究》《课程·教材·教法》《教育发展研究》等刊物上的文章，有理论高度，具有前瞻性和深刻性，发表在《人民教育》《中国教育报》《中国教师报》《上海教育》《福建教育》等刊物上的文章，往往理论结合实际，具有探究性和实用性。

教育的横向联系的学习，有多种路径。比如，将学校教育与家庭教育、社区教育结合的学习，探索人类教育的三种形态；将中小学教育与终身教育结合的学习，探索中小学在构建学习型社会中的作用和使命；将中国基础教育与国际基础教育进行比较的学习，通过探讨国际基础教育发展的经验教训，寻找对中国基础教育改革与发展有积极参考价值的东西。又如，研究教育科学分支学科，人民教育出版社的"教育科学分支学科丛书"共20本——《教育哲学》《教育逻辑学》《教育社会学》《教育政治学》《教育经济学》《教育文化学》《教育生态学》《教育卫生学》《教育行政学》《教育信息学》《教育技术学》《教育测量学》《教育统计学》《教育评价学》《教育心理学》《教育史学》《教育实验学》《比较教育学》《教学论》《元教育学》，很有代表性。再如，研究一些教育综合读物，河北人民出版社的"汉译世界教育名著丛书"中的《睿智的父母之爱》《教育与美好生活》《关于人的思考》《教育漫话》《爱的教育》等，值得一读。

# >>> *15* >> 正规学习与偶然学习

我们的许多学习是正规的。

学校组织的常规学习，往往具有时效性和实用性，比如新课改与教师专业成长、新高考呼唤新型教师、指向核心素养的课堂教学、从有效教学到卓越教学、新课改背景下的教学设计与实施、微课制作 ABC 等，我们要用心并结合教学实际进行学习，力争在第一时间对新的教育理念有一个相对准确的理解，并能积极践行。

学校请专家学者到学校讲座，让老师们近距离接触大师，亲睹大师风采，这是很好的学习机会。我担任厦门一中校长时，就请了华南师大桑新民教授讲信息化背景下的教育教学、北师大周之良教授讲面向未来的学习、马来西亚儿童教育专家钟积成讲家庭教育新理念、著名作曲家谷建芬讲音乐教育、教育改革家魏书生讲教师与人生、教育专家傅东缨讲教育大境界、教育部中学校长培训中心主任陈玉琨教授讲学校文化、班主任工作专家任小艾讲班级管理的新境界等，这类讲座听多了，大脑打开了，知识增多了，教育"智慧"了，"品位"也就提高了。

学校组织或其他部门组织的各类培训，教师如有机会参加，就不要错过，在研训中练就新本领。比如名师培养、学科带头人培养、骨干教师培养工程等，这类"工程"往往有培养目标、培养主题、培养对象、培养内容、核心课程、培养时序、考核评价等，注重集体研修与个人学习相结合、理论学习与名著研读相结合、导师指导与同伴互助相结合、课题研究与案例分析相结合、影子培训与境内外游学相结合、线下理论实践研修与线上远程学习指导相结合、现场指导与跟踪服务相结合、能力提升与成果展示相结合等。

还有一种学习，是偶然的。

人们获得的很多知识，甚至很重要的知识，并不都是从正规学习中学来的，而是通过与正规学习相区别的另一种学习形式——偶然学习获得。所谓偶然学习，指不是从正规教育来的，也不属于正规教育专门讲授的，而是在一种比较无计划的日常生活中，学习者事先难以预料的、偶然的，有时甚至是无意识时进行的一种学习。

凡去旅行，我必读介绍旅行之地的书，如去美国参加孩子的毕业典礼，就读《美国之旅》；带学生去德国参加中德青少年足球赛，就读《德国之旅》；去新疆慰问援疆教师，就读《新疆之旅》，这样对所去之地就会有一个大致的了解，到了当地往往感受比他人更深刻一些。我读了《厦门之旅》后，才发现厦门还有好多地方可去一游，没读之前我还真不知道。这是为"旅行"而偶然学习。

绝大多数人都想在人前"显能"，即显示一下自己在某些方面的专长，"术业有专攻"嘛。而某些"术业"要"专攻"到一定境界，就要在阅读的基础上进行研究，比如我为了与朋友们在打 80 分时显示自己之"能"，读了如下书：《扑克游戏指导——拖拉机、炒地皮实战技巧》《纵横四海：全国冠军教你打赢扑克牌双升》《扑克双升竞技实务》《扑克牌双升实战技巧》《智慧"升级"：扑克"双升"思路析解》。有了读的这些书垫底，"能"就自然显出了，"战友"也时时惊叹。这是为"显能"而偶然学习。

我早年曾写过一篇《猜谜与偶然学习》的文章，也许读者可以从此文的部分文字中加深对"偶然学习"的认识。


偶然学习对每个人来说都是机会均等的，关键是如何利用它。灯谜活动的组织者应当通过报刊、广播、电视等形式，广为宣传猜谜的益处，使更多的人了解灯谜，喜爱灯谜，在灯谜活动中学到知识，思维受到训练。

偶然学习具有动态的开放结构，社会生活的任何场景，都为各种不同需要的人提供了偶然学习的机会。灯谜活动的组织者就要想方设法不断扩大猜谜范围，为更多的人提供猜谜这个偶然学习的机会。譬如，将灯谜登在报刊上，举办电视猜谜、大型谜会，谜组人员下到基层开展活动等都是很好的形式。

偶然学习大都是由兴趣、好奇和某种需要引起大脑皮层兴奋而诱发产生的，其间带有很大的自由度和选择度，人们自觉自愿地接受信息，不需有意控制，不易引起大脑疲劳。因此，这种学习有时同样可以起到正规学习的作用，在某种情况下，甚至为正规教育所不及。由于灯谜具有浓厚的趣味性和特有的魅力，往往比一般文娱活动有更强烈的吸引力，所以常常使人们在娱乐中无意地学到许多知识。

偶然学习通常是在学习甲事物的活动中，意外地学到了乙事物。阿基米德从洗澡盆里得到了测量皇冠的启示，牛顿从苹果落地悟出了万有引力定律等等，都是这些伟人长期努力探索和充分利用偶然学习的结果。猜谜益智，毋庸置疑，而有意识地发掘灯谜中的智力因素往往还未为灯谜活动的组织者所认识。因此，灯谜的发展方向之一就是要充分利用灯谜中的智力因素，使人们通过猜谜，开阔视野，启迪思维，产生顿悟和灵感，甚至解决一些百思不得其解的问题。

总之，猜谜活动是一种很好的偶然学习的机会，让我们充分利用灯谜，经常、广泛地开展猜谜活动，使灯谜发挥出更大的作用。

觉醒者四：育己之新境

# >>>*01*>> 从升华德能到升华智魂

　　"德"的内涵很丰富，这里专指职业道德。所谓道德，"道"乃是人对世界本原的看法，而"德"则是人的处世准则。道德是人们调整人、社会、自然之间关系的根本指导原则。大而言之，教师的形象、口碑、为人、处事、人格、进取心、精神状态、文明素养等，都属"德"的范畴。

　　师德，就是教师的职业道德。师德是一个古老而崭新的话题，师德也是人类文明的永恒主题。

　　英国教育学家洛克说："做导师的人，自己应有良好的教养，随人、随时、随地，都有适当的举止和礼貌。"俄国作家托尔斯泰说："如果一个教师没有树立起一个比他的学生更崇高的人生观，他就不应该登上讲台。"中华文化认为"德"是做人的根本，是"百行之首"，是"事业之基"，对"师德"更是重视有加。教育部下发的几个教师专业标准基本要求的第一条就是"师德为先"。

　　教师具有良好的师德，是教师职业性质决定的，是学生健康成长的需要。

　　当一名教师容易，当一名好教师不易。时代在呼唤师德的同时，也在呼唤着师能，而且德能并重才能树立新世纪教师的新形象，才能更好地完成高要求的教育教学任务。

　　我们说"无德不能当教师"，这是为师之底线。我们还说"无能不能当好教师"，为了当一名"好教师"，教师还应具备较强的师能。

　　师能，就是教师的职业能力。教师教学能力的高低，直接涉及教师的教学效果和育人水平，是教师一项十分重要的职业修养。"好老师"当有娴熟的教育教学技能，这种技能体现在教有主张、因材施教、有教无类，体现在自己的学识魅力让学生钦佩、自己的"绝活"让学生难忘。

熟练的教育教学技能，是师能；娴熟的课堂驾驭能力，是师能；灵活机动的教育机智，是师能；人际关系的处理能力，是师能；更新知识学会学习，是师能；不断探索力求创新，是师能；具有信息化素养和运用能力，是师能。

会上必修课，是一个层次的师能；不仅会上必修课，而且还会上选修课、上活动课、开各种讲座，是高一个层次的师能。成为教学能手，是一个层次的师能；但要实现高层次的师能，教师还必须成为学者型的教师，即你还必须是一个教育教学的研究者。

有德无能或有德低能的教师，有可能违背教育规律，降低教育效率，"好心"往往未能办成"好事"。只有"德能兼备"的教师，才能有效、科学、务实地搞好教育教学工作。

阅读特级教师凌宗伟的《21世纪的教育需要哪些技能》，你对"师能"会有更深刻的认识。

时代发展到今天，"德能并重"还不够，你必须有师德有师能有师智有师魂！

师智，就是教师的智慧。

由于教无定法，由于我们面对着的是性格各异的学生，所以教学情景多样，教学难以预测，教学异彩纷呈。

面对瞬息万变的教育情境，准确迅速地作出判断，恰到好处地妥善处理，从而收到理想的教育效果，达到最佳的教育境界，这就是教师的教育智慧。

教育的智慧是鲜活的，有生成、有碰撞才会有智慧的火光；智慧的教育是民主的，畅所欲言、充分交流是展示学生才华的保证；教育的智慧是深刻的，共同合作才能酿造醉人的成功美酒；智慧的教育是自然的，矫揉造作只会给师生之间带来隔阂和冷漠。

新时期学校教育的"升级换代"，要求改革逐步从课堂走向课程，从教学走向教育，改革目标从"指向能力"走向"指向智慧"。

走向"指向智慧"的教改目标，呼唤智慧教师。从用教材教到用智慧教，就是这种改革的一种样态。

事实上，信息技术也在挑战教师的智慧。从微课、慕课、翻转课堂到创客运动——我们是否在见证一场新的教育革命？

事实上，未来新教室也在挑战教师的智慧。新教室意味着课改"从课堂到教室"的飞跃。重建教室就是重建一种教育秩序，让发生在教室里的改革从碎片化走向整体化；重建的起点是文化，是精神，是交往，是课程，而非知识，教室里不缺知识，缺的恰恰是精神，所以重建教室就是在教室里打捞精神。

师魂，就是教师的灵魂。

师魂是教师综合素质的体现，是教师的人格风范。"经师易找，人师难求"，这里的人师就是指教师的人格风范。为人师者，方可以德育德、以才培才、以学促学、以趣激趣、以情动情、以性养性、以意练意、以行导行。

师之魂，体现在教师的一言一行、一举一动、一点一滴中，既体现了自己的形象，又时时润入学生的心田。教师的职业是美好的，当师魂达到一定境界的时候，教师才会在对这种美好的理解和追求中真切地体验并自然地表现出这种美好。

师魂，是一种境界，更是一种职业操守。没有日复一日的耕耘，没有从未间断对自己灵魂的拷问——园地里的那一片葱茏葳蕤是否能在一夜之间冒出？师魂，当是高洁、肃穆，抑或是一条奔流不息的溪流——那一路的艰辛将是一生最佳的风景。

师魂，是师德、师能、师智的升华，是师者的一种高远的境界。

# >>>02>> 从学识魅力到人格魅力

学识，即学问，就是所学、所掌握的系统知识和技能，其内涵和外延更为广泛。学识水平是教师已有知识及技能和再学习能力的总和，在一定程度上标志着其思想、理念的深度和技能水准。做学问是做教师的本分，也是教师在课堂上立足的基础。

教师学识魅力的修炼，有人归结为：学习必须成为需要，学习必须读书，学习必须思考，学习要以问题为本。

只有建立在这种基础上的学习，才能在原有学历基础上再提升，使自己具有一个活性的会学习的大脑，不断完善自己的学识，以自己广博的学识赢得学生的爱戴，得到同事的称赞和领导的好评。

名师的学识特征，体现在名师具有扎实的基础知识、宽厚的教育科学知识、精深的专业知识、广博的相关科学知识和能不断获取新知识的能力。

扎实的基础知识。基础知识包括哲学、语文、外语、数学、物理、化学、生物、历史、地理、音乐、美术和计算机等，名师对这些知识往往能准确掌握、深刻理解、牢固记忆、灵活运用。

宽厚的教育科学知识。名师对教育学、心理学等知识有较深刻的领会，能深刻理解和熟练运用教育科学理论，根据教育规律和受教育者的身心特征进行教育、教改和教育实验。

精深的专业知识。名师对本专业知识了如指掌，并能熟练地运用本专业知识去分析问题和解决问题，名师还往往通晓本学科发展史，了解本学科发展现状，预测本学科发展趋势，在教学中渗透学科最新成果。

广博的相关科学知识。未来科技发展的特点是高度分化和高度综合，其结果是新兴学科、交叉学科、边缘学科、中间学科等大量涌现。名师深知，一个对新兴学科知识一无所知或知之甚少的教师，是很难适应时代对教师的要求的。

能不断获取新知识的能力。如今，"一杯水、一桶水"已远远满足不了时代的要求，名师深知，我们需要的是滔滔不绝的"长流水"。为师唯有筛滤旧有，活化新知，积淀学识，才能培养出善于终身学习的新一代。

教师的人格魅力是教师个人修养及综合教育素质的外在表现，是教师不可缺少的要素之一。教师的人格魅力所产生的吸引力和感染力对学生的影响是巨大的、深远的，有些方面甚至会影响学生的一生。

教师人格魅力的修炼，有人归结为：为人师表的道德魅力，举止优雅的品格魅力，追求完美的思想魅力；也有人归结为：教师的主动精神，教师的乐观心态，成为快乐的教师；还有人归结为：自我认识，自我调整，自我超越。

教师的人格魅力，具有先进性、示范性、奉献性、合作性，具有示范作用、激励作用和熏陶作用。名师的人格特征，体现在教师的为人师表、举止优雅、追求完美和律己宽人等方面。

为人师表。名师都能加强自身修养，不断学习，提高思想认识和道德觉悟，平时严格要求自己，为人师表的人格力量对学生良好思想道德的形成起着有力的促进作用。

举止优雅。名师往往具有高雅、文明的言谈举止，注重修养，处处给学生作出表率。名师言教辅以身教，身教胜于言教，其一颦一笑、一举手一投足都会产生意想不到的教育作用。

追求完美。从某种意义上说，名师的成功之路是一条追求完美之路。名师常常在不断的自我认识、自我批评、自我校正、自我监督、自我修炼、自我突破中完善其人格形象和权威形象。

律己宽人。名师律己，在律己中走向完美；名师宽人，在宽人中达成信任。名师的宽人，像一缕阳光，让学生感到温暖；像一丝春雨，让学生感到滋润；像一粒爱的种子，在学生心中萌芽。

教师的人格魅力是教师魅力的核心，是教师对学生、事业、自我的态度在其言行中的反映。人格魅力并不是一项单纯性格或特质，而是多方面的综合素养的呈现，它是通过长期的教育实践而形成和发展的独特的感染力、影响力与号召力的总和。

师者修炼人格魅力，一要加强自身修养，二要丰富文化底蕴，三要诚信待人处事，四要体验教育幸福。

在一次论坛上，朱小蔓教授直言将来会有不少教师"下岗"，这其实是给教师群体的一个善意忠告。当下不少中小学教师，在解题术上、应试上、抓分上，用心过多，这有可以理解的一面，但也有短视的一面。如果教师不再持续修炼自己新的学识魅力，不再提升自己新的人格魅力，朱教授的话就很有可能应验。

有魅力的教师永远不会"下岗"。

# >>>03 >> 从自然发展到自主发展

自主发展，是指发展不是外部的追求，而是主体内部呈现出的自发的、主动的精神状态。教师自主发展是教师个体自觉主动的追求，是作为教师的人生意义与价值的自我超越方式。"他主"是外因，"自主"是内因。外因是发展的必要条件，内因是教师能够实现发展的重要依据，而推动教师不断实现新的发展的动力机制，就是"他主"与"自主"的良性互动。

柳海民教授在为《教师自主发展论》一书写的序言中有这样一段话："以一名教师的专业人生衡量，不论教师接受多少次培训都是短暂的，况且繁忙的工作不允许你脱离岗位多次进行长时间的进修，而基于自我完善的内生自主发展则是伴随终身的。""任何一名教师，只要你能抱定远大的目标，你就可以通过自主发展过程达到你的理想彼岸，使自己成为一名优秀教师，成为令学生崇拜的教师。反之，即使你现在是一名优秀的教师，但若从此故步自封，停止了自主发展的脚步，你同样会很快沦为一名经师，淡出学生尊崇的视野。"序言中的这些话，告诉我们一个道理——"自主"是教师发展的内因。书的作者金美福博士强调："教师自主发展的意义在于这样的生存方式可以实现个体的生命意义和作为教师职业人的生存价值。"

无独有偶，徐世贵老师在其《教师自主成长》一书的代序《教师成长路在何方》中这样写道：

教师从教后专业发展有两条路可走：

一条是盲目被动地去接受别人的培训。有别人拉着、推着，内容由别人来规定，时间、方法由别人来控制。不能说这种学习对教师成长没有帮助，但总体看投入大、收效小。我们常看到许多教师各种培训没少参加，书没少读，钱没少花，力没少出，就是专业化水平提高不快。而从这条路走出来的有个性化的杰出教师更是凤毛麟角。

另一条路是教师自己主动出击，自己选择内容、时间和方法，紧密结合自己工作实际和成长目标，边工作，边学习，边思考，边总结，这就是教师的自主发展。这是一个有投入就一定有回报的教师专业成长高速公路。追溯名师专业成长成功的秘诀，钱梦龙、魏书生、窦桂梅、吴正宪、李吉林等等，无一例外地都有一个孜孜以求的自主发展经历。

当然，我们在这里并不是要把两条路对立起来，而是把两者有机结合起来。


所谓"把两者结合起来"，就是"他主"与"自主"的良性互动。换言之，就是辩证地处理好"要我发展"和"我要发展"的关系。

现代教师的自主发展，路径在哪？

一是内心觉醒。

于漪老师曾说："一个教师真正的成长就在于他内心深处的觉醒。"成长受外在条件的影响和制约，但更主要的是靠内在的潜质与力量。

许多事情，只有觉醒者才会去做，也只有大彻大悟的人，才会全力以赴地为之努力。内心觉醒，教师就会从无为状态走向有为状态、从认识自我走向超越自我、从心境自然走向心境成熟。"心态决定一切"，人的心态一旦改变，那么整个世界也就随之而变。

"觉悟者"，往往把自主发展看成是一种需要、一种追求、一种境界；"觉悟者"，会自然而然地萌生积极向上的心态；"觉悟者"，会在自我心境中感受到所追求的人生价值。

二是朝向目标。

一个人对目标期望的抱负水平是指欲将自己的工作达到何种数量和质量的心理需求。一名现代教师，要根据自身的特点和发展的可能性制定出自己的目标期望。追求理想目标应该是现代教师应取的积极态度。

朝向目标，要学会"终点思考"，这是李希贵校长提出的观点。60 岁时想到达什么目标，40 岁时就要明白应该做什么，再推至 30 岁乃至今天。有目标的行走让我们方向更明确、脚步更坚定；有目标的行走让我们更自在、更自为。一位名师这样说："回首 20 年的教育道路，我始终朝向一个目标。"

三是积极孤独。

我很赞同朱国忠、陈志祥老师在《在"积极孤独"中成长》一文中的观点："在教师团队全面合作的基础上，自觉追寻用于守望自我的澄静的人生境界，苦心创设用于搜索自我的本真的生存方式。"

"积极孤独"，更能体现"自主"。独自阅读，才会有更深刻的领悟；独立思考，才会有更理性的价值判断；深夜独处，可能更能放飞思想之翼；静坐观心，心路才不会被迷雾遮住。"只有清心寡欲，守望自我，不为世俗所染，才能够集中精力于自己所从事的教育工作，才能成就自己、成就事业。"

四是自我管理。

所谓自我管理，即指个体对自己本身，对自己的目标、思想、心理和行为等表现进行的管理，自己把自己组织起来，自己管理自己，自己约束自己，自己激励自己，自己管理自己的事务，最终实现自我奋斗目标的一个过程。

心理学研究揭示：人的行为的维持受行为者的自我管理影响。人在许多时候，就是管不住自己；更多的人，不知道如何管理自己。教师队伍中，"随遇而安"者不少，"随波逐流"者亦多，"小富即安"者更多，可以说这些都是不会自我管理的表现。

教师只有具备良好的自主发展意识和自我管理能力，才能不断学习、思考、研究，才能积极创新实践，取得丰硕的教育教学教研成果，"引导自我"走向卓越。

## >>> 04 >>    从潜心学习到探索思考

《老师好好学习，孩子天天向上》一书记录了邓睿老师的幽默教学和师生交往中的一些"奇闻轶事"，读来妙趣横生，还能引发读者对教育的思考。作者通过一系列教育故事阐释了"只有老师好好学习，孩子才能天天向上"的教育观念。

其实随便读一读关于"教师角色"的书或文章，都会论及"教师是学习者"。随便读一读关于"名师成长"的书或文章，都会论及"学习是教师成长之源"。我们经常听到这样的声音：学校是学习场，是文化场，教师是文化人，教师所从事的是"传道、授业、解惑"的事业，仅凭这一点就可以锁定"教师必须要学习、学习、再学习！"

学习是什么？学习是一种求知方法，是一种增智途径，是一种终身任务，是一种精神追求，是一种生存方式。

教师要给学习找一个理由，比如为做"文化人"而学习，为改变生存境况而学习，为涵养自己的心灵而学习，为做"好老师"而学习等。

我们说，只有学得好，才能干得好。我们还说，只有学得好，也才能活得好。无论是为了干得好，还是为了活得好，我们都将学习、学习、再学习！

我曾希望每个厦门教师都能成为"学习人"，让学习成为厦门教师的一种习惯。我曾希望厦门教师见了面，打招呼，不是问"你吃了吗？"而是问"今天，你学习了吗？"或者问"最近你在研究什么？"

教师的学习方式，并不都是拿着书本进行学习。教师的学习方式，可以是向同行学习、向学生学习、向报刊书籍学习、通过进修而学习、在做课题中学习、在参加学术会议中学习、追踪名师而学习、阶段重点学习、网上学习、在传播中学习、参观学习、实践学习、研究性学习、在偶然中学习。

我总结的"为师十学"——为师"自主学"，为师"用心学"，为师"合作学"，为师"虚心学"，为师"探究学"，为师"拓展学"，为师"致用学"，为师"灵活学"，为师"思辨学"，为师"网络学"，可谓"师学之道"。

作为教师，学什么？学科要深学，这是教师的"看家本领"，教师在本学科内应该"懂一切"，那应是你的"精专"；教育要恒学，教育人一定要持之以恒坚持学，这样才能保持一定高度的学术敏感，才能有最具前沿的教育专业视域；文化要广学，教师是文化人，人类的一切优秀文化应该"懂一点"，那应是你的"广博"。

将学习进行到底需要有远见、能坚持和有境界；师者之学，要能在纷扰中沉淀书生本色；我们读万卷书，行万里路，阅人无数，才能跟对脚步，才能得到高人点悟。

书润泽了我们的生命，满足了我们的精神需求，激发了我们的才智，帮助我们更好地完善自己。我们被书征服的同时，也征服了书，在阅读中形成了自己的思想，而一个有思想的教师是可以影响学生的。这如同蒲公英的种子，在书籍的阅读中，我们的生命得到更多的润泽，也将更多的知识和思想传播给我们的学生。

教书人不读书怎么教书，让人生伴随着书香成长，以好书为伴与经典同行。读书，是师者最美的人生姿态；读书，是师者的天下第一好事。

师者不仅要"学"，还要"且学且思"。

荀子在《劝学》中说："思索以通之。"此言精辟！

凡事皆宜思，带着思考去学习，学思结合悟新知；带着思考来工作，思行结合见成效；带着思考做研究，教研步入黄金道。

带着思考去学习，才能辩证思维，才能领悟真经，才能见解独到。原国家总督学柳斌在全国基础教育"未来教育家"论坛上的演讲中指出：现在教育模式的最大弊病就在于不是学"问"，而是学"答"。一个人、几个人不会思考，可能不会影响全局，如果一代人、一个民族的未来缺乏思考能力，那就只能落后挨打。"学而不思则罔，思而不学则殆。"学习，贵在思考。我思故我在。

带着思考来工作，是一种理性工作，是一种智慧工作，是一种创造工作。一个人没有技能，可以拜师学艺；一个人没有知识，可以求学问道；一个人没有金钱，可以筹借贷款……但一个人如果没有思考，一切就无从谈起。换个角度思考，就能换一片新天地。让我们用思考去面对工作，解决工作中面临的问题。

带着思考做研究，是一种科学的研究，是一种高效的研究，是一种深度的研究。思考孕育思路，思路决定格局。一个具备"远"思的教育者，必定有清晰的教育研究思路，这样才能做真实的研究，做合情的研究，做管用的研究，做创新的研究，才能引领教育科研的良性发展。以"思"促"研"，必定有自己的视界。

怎么思？要学而我思，"我思故我在"，教育潮流多，"不做别人思想的跑马场"，不能照搬照抄；要学而善思，用"活性的大脑"以思考的视角去学习，就能看到问题，更能对问题有深刻的认识；要学而深思，思考得越深，消化吸收得就越多，能力提高就越快，"深度反思价更高"。

# >>> 05 >> 从探索思考到深入研究

"思而不学则殆"告诉我们：只凭空思考而不学习，就会疑惑不解。我思故我在，思学结合，让"思"更有"源"。没有"思"是不行的，仅有"思"是不够的，还必须在"思"的基础上进行"研"。

研什么？学科之研，教什么学科，就要研究这门学科，"研"的境界高于"思"，学科的学问"深得很"；教学之研，教学是一门科学也是一门艺术，"以研促教"多指"研究促进教学"；教育之研，我们就能以全新的眼光审视教育问题，以独特的视角透视教育现象，以理性的探索践行教育工作。

教育研究是一种什么样的研究？

一是基于案例的情境研究。教育涉及面广，涉及因素多，这就要求教育研究必须置身于具体的情境中。离开情境的研究，只能是理想化的研究，甚至是机械、空洞、凭个人经验的研究。生动鲜活的案例背景下的情境研究，是研究成果价值性和有效性的基础，是将教育理论与教育实践相结合的基点，也是架起研究者话语与实践者话语对接的桥梁。

二是基于问题的行动研究。"教育者"这个职业是极富挑战性的，全社会都要求你尽善尽美。教育者高负荷的日常工作和为了专业发展的研究往往在时间上是矛盾的。

怎么办？在我看来，针对教育教学实践中的问题进行专业发展性行动研究，就可以把实践和研究结合起来，研究成为工作的一部分，实践中的诸多问题又在研究中得到解决。因此，教育者的研究是基于问题的行动研究。

这种研究，一是研究目的直接指向教育行为，研究的需要直接来源于教育中的问题；二是教育实践成为研究的资源，教育实践为研究提供了生动的素材；三是教育实践的过程为研究的过程，研究在教育实践中进行，即教育研究化，研究寓于教育过程之中。

三是基于群体的合作研究。教育问题的广泛性、多样性、复杂性和综合性决定了教育研究在许多情况下要"集体攻关"，这种"集体攻关"常常表现为课题组形式，是"集体课题"的"顶层设计"，需要团队协同作战，研究解决教育教学中的重大问题。

"顶层设计"可以通盘考虑，构建总课题、子课题和微型课题，课题组成员分工明确，围绕总课题进行各自子课题的研究。总体的程序是：确立研究课题—制定研究计划—实施研究内容—收集研究资料—分析研究结果—撰写研究报告。

四是基于个体的自主研究。教育研究除了以课题组的"集体攻关"形式出现外，还有一种以"个人课题"呈现的自主研究。一线教师在总课题中往往找不到自己的兴趣和需要，无法找到研究点，而"个人课题"可以使广大一线教师找到自己的研究点，找到自己研究的兴趣点和需要点。"个人课题"的"底层设计"具有独特性、自主性、灵活性、实践性和实用性。

南京市教育科学研究所率先在这方面进行了深入的研究和实践，还成立了"全国教师小课题研究协作体"，他们在宣言中强调："小课题"是"自助式"课题；"小课题"是教师的课题；"小课题"是实践性课题；"小课题"是发展的课题；"小课题"是开放的课题；"小课题"是大家的课题。

中国教育科学研究院（原中央教育科学研究所）的江明认为，南京"个人课题"让教师专业成长"天堑变通途"。教育研究的道路还很远，但"个人课题"的研究成效已凸显。

教育研究需要"集体课题"的"顶层设计"，也需要"个人课题"的"底层设计"。"集体课题"的分解再分解，最终就成为"个人课题"，当然这是被动的"个人课题"。同样，同类"个人课题"的融合，也可能成为"集体课题"，当然这里有"同类"这个制约的前提。此时我想起了费孝通先生的手书："各美其美，美人之美，美美与共，天下大同。"我们期盼着"集体课题"与

"个人课题"各美其美!

五是基于原创的独到研究。"学院派"的教育研究与教学实践常有脱节的现象，完美的教育理念在复杂多变的教育现实面前显得很脆弱，因此时代呼唤教育研究工作者深入到教学实践中去。时代也要求教师不仅仅是教案的执行者，不能成为纯粹的"教书匠"，还必须是教学问题的研究者。

我在中学数学教学中进行研究和实践，总结了一些行之有效的经验，我称之为"土"经验，我的这些"土"经验，不敢说都是原创，但多有原创思想和独到思考。

六是基于经验的反思研究。叶澜教授说："一个教师写一辈子教案不一定成为名师，如果一个教师写三年的反思，有可能成为名师。"美国学者波斯纳在总结人的发展时曾得出这样的公式：经验＋反思＝成长。

教育专家认为：教师不再是匍匐在教育理论脚下唯唯诺诺的"侍者"，而是带着批判的、以审视的目光检验其真伪的"法官"。

"吾日三省吾身"，说的就是"反思"。教师的反思，是教师自我觉悟的过程，是教师自我提升的过程。

教育研究也有一个反思问题，教育研究的反思是基于经验的反思研究。

教育研究的反思可以从教育实践、理论学习和相互借鉴三个层面展开。

## >>> 06 >> 从深入研究到教育践行

"学与思""思与研"还不够，还要践行，走向且思且研且行的境界，不断追求成为教育工作的"有思想有智慧的行动者"。

苏霍姆林斯基在他家乡所在地的一所农村完全中学——帕夫雷什中学践行他的教育思想，成为国际公认的著名的教育实践家和教育理论家；顾泠沅从"乡间的小路上"走向教育教学的巅峰，成为我国著名的教育家。育人者，当"行走"在教育园地里，且行且思且悟，从而步入新的"行"，如此循环，走向教育的新境界。

其一，师者要做教育理念的践行者。

我曾读过一本好书——上海中学唐盛昌校长所写的《校长，教育思想的践行者》。唐校长认为，校长需要有自己的教育理念与办学思想，但校长的理念与思想区别于教育理论工作者的一个明显特征是其实践性与可行性。校长必须将他的理念与思想化为办学实践行动。从这个角度看，校长是思想的践行者，成功的校长更是思想的成功践行者。

事实上，不仅校长应是教育思想的践行者，而且每个"教育人"都应该是教育思想的践行者，只是践行的角度、内容、方法不同而已。

说到"教育理念"，我比较崇尚韩延明教授对"教育理念"的界定："教育理念是教育思想家乃至整个民族长期蕴蓄和形成的教育价值取向的反映、体现和追求，是关于教育发展的一种理想性、精神性、持续性和相对稳定性的范型，具有导向性、前瞻性、规范性的特征。"

当教育理想遭遇教育残酷的现实时，任何彷徨、困惑、叹息都是没用的，唯有以教育者的勇气、执着和智慧积极面对，先谋后动，精心实施，坚持思而后行、行而后思、思中有行、行中有思，在"且思且行"中逼近教育理想，而每一个具体的教育理想的实现，都让教育理念落到了实处。

过于理想，走不动；没有理想，走不远。胸中要有理想，推进要会谋划，星空理当仰望，实地更需脚踏。

江苏省小学数学教师张齐华认为，数学就是一种文化。基于这样的认识，他去践行"具有文化的数学教育"，这种"作为文化的数学"一旦进入课程，尤其是教学视野，势必会呈现出一般课堂所不具有的文化气质，它既可能表现在对数学内容的理解和组织上，也可能表现在对儿童数学需要的把握上，还可能表现在对具体教学策略的选择与运作上。

福建省小学语文教师刘仁增践行他的"语用教学"，他在《我的语用教学观》一书中，不仅从理论层面阐述了语用教学的主张、架构和运行机制，更以大量的教学实例介绍了语用课堂如何建构，语用训练如何设计，语用策略如何操作等，具有很强的借鉴价值和实用意义。

其二，师者要在且行且思之中悟道。

悟道，就是领会道理或哲理。悟道的过程，就是思考领悟真理的过程，就是检验理论的实际可行性。

作为"教育人"的我，无论是当老师，还是学校管理，或是区域教育管理，一方面是立足于思，不断升华自己的教育思想，另一方面是努力践行，把思考的结果付诸实践，不断用实践来检验我的"思"，再矫正，再注入新的思想，进入新的实践，依次形成一个螺旋循环的上升状态，逐步悟出教育之道。

"教明其道"，今日教育之人，理应在"道"上做足文章。我们的学生不善"问"，是不争的事实，那么我们就要鼓励学生"问"，"从生答到生问"就是"道"；我们的学生"学会"的多"会学"的少，"从学会到会学"也是"道"；"题海无边，题根是岸"，题根是题之族、题之群、题之系，"从题海到题根"还是"道"；总的说来，当下中小学课堂教学"大气不足"，期盼教学大气一些，期盼教师能气度不凡、不落俗套，自觉成为有"文化"的教育者，"从小气到大气"难道不是"道"吗?

其三，师者要在践行中走向优质化。

教育之事，贵在自觉、重在行动、悟在反思、精在研究。当教育理念遭遇现实挑战时，我们以积极的心态面对之，分析思考后制定行动策略，就要付诸实践。值得一提的是，"思"亦有道，思而不行者，多思无益；思而决其行，再思可矣。

在实践中必然会出现各种情况，这需要反思我们的"行动策略"，改进"行动策略"。在行动中研究，在研究中行动，不断求索之，超越之，这样我们的教育才会逐步走向优质化，逼近教育的真谛。

教师有了新想法，就要适时践行；古语说得好："听其言观其行，坐而言不如起而行。"

厦门市小学数学教师谢淑美蛮有"思想"，她提出"微写作"——指导小学生写数学小论文，认为"微写作"里蕴含着大道理。美国著名学者提出的"学习金字塔理论"认为，听讲的学习保持率为5%，阅读的学习保持率为10%，视听结合的学习保持率为20%，讨论的学习保持率为50%，实践的学习保持率为75%，而写作的学习保持率可达到90%，其实"写"也是一种"实践"，"写"加上"实践"，会是一个多高的保持率啊！为了"写"，教师教书的境界和学生学习的境界就大不一样了！

十多年来，她不断优化这项带有实践性的课题，指导学生写了六百多篇小论文，这项成果获得全国教学创新奖。

# >>> 07 >> 从教育践行到著书立说

教师发展，"学"是"思"与"研"前提和基础，"思"与"研"是"学"的总结和提高，"行"是"思"与"研"的实践，而"写"则是"学、思、研、行"的概括和升华。

初为人师时，我并没有想要写点什么。一篇论文的成功发表和前辈的鼓励，竟使我一发不可收拾地"写"了起来，这辈子便与"写"结下了不解之缘。我这里说的"著"，实指文章的写作、论文的写作和著作的写作。

为何要写？

孔子云："言之无文，行而不远。"把我们的思考和探索写下来，把我们的教育发现和教育经验写下来，这些有价值的成果就能产生广泛而深远的影响力和辐射力。

著名特级教师李吉林说："有收获，就写下来。"李老师的"笔底春秋"，使她成为教育大家，使"情境教育的诗篇"唱响大地。写下来，便是反思和总结的真实体现。

为了写，你阅读的"用心度"就不一样了；同时还会逼迫你去读更多的书；"写"能锻炼人的思维品质，提高人的表达能力；"写"可以培养人精益求精的精神；"写"能提升个人的学识魅力和人格魅力；"写"能提高生活品位和精神境界。

写作时的深思熟虑，投稿后的耐心等待，发表后的欣喜之情，都给人一种积极进取、追求完美的动力。写作的背后，是积极、坚持、勤奋、努力、奋斗，写作不止，动力永存。

写些什么?

从广义的角度来说,什么都可以写。作为"教育人",我觉得还是写些与教育、文化有关或相关的内容为宜,这可以和工作有些联系,对促进专业成长也有帮助。

可以写学科小品文。我是数学教师,我就写了不少数学学科小品文,这些小品文对学生爱学数学、会学数学起到了很好的作用。如《漫话国际数学最高奖》《漫话数学猜想》等。

可以写班级活动。如果你是班主任,每天都组织班级活动,你细心观察思考,必然会有感悟和心得体会,你可以把它写下来。我曾做了六年班主任,写有《我班的体育生活》《召开家长会的几种形式》等。

可以写教育随笔。我们活跃在校园里,穿行于师生间,对教育问题和教育现象必然会有所思有所悟,可以把它写出来。这方面,我写的文章有《理性面对港校热》《教师要学会沉下去》等。

可以写事件回忆。有些事回忆起来,有感恩、有感触、有留念、有记录。如我写的《成长路上有闽教》《刘彭芝校长之印象》《知青生活给我一种精神》等。

可以写教育管理后记。当然,不是记流水账,而是要有所归纳、总结、提升,从琐碎的思维中提炼出有价值的思想。这方面我写有《享受的多承担的必须更多》《开发新时代的学校课程》《细节是教育的生命》等。

可以写励志短文。写励志短文,与教师、学生共勉。如我写的《足与不足》《天生我才必有用》《有梦的教育更精彩》等。

可以写学习指导短文。写学习指导短文,教给学生一些具体实用的学习方法或学习策略,学生学得来、见效快。如我写的《学习中的退、绕、停、避》《会学面面观》《跟着老师的思路走》等。

可以写文化体育趣事。如我写的《打篮球的那些"文"事儿》《游泳之趣》《笑的辩证法》《猜谜益智》等。

可以写与书有关的事。如我写的《与书结缘》《且读且思又一年》《坐拥书屋》《在阅读与写作间返回精神的界面》等。

怎样写好？

写这类文章，一般不宜长，但贵在及时，贵在坚持。所谓及时，就是及时记下所思所得，一时不能成文的，就记在本子上，或记录在电脑里，偶有心得，再充实，日积月累，必有"水到渠成"之时。所谓坚持，就是要养成经常记录、思考、写作的习惯，先选一些简单、选题较小的问题写，逐步拓展写作内容和难度，把写作当成生命历程的一部分，在写作中不断完善自我。

对于这类文章的写作，我有如下几点体会：

一要可读性。你写的文章内容，一定要吸引人，让多数人觉得有必要读。文章要尽量写得生动有趣，让读者"乐读"，文章才有欣赏价值。文章的可读性，是读者的第一需要。

二要通俗性。你去看朱光潜、季羡林、胡适等一代名师的文章，一定看得懂，有时你去读某些专家的文章反倒看不懂了，这就是写文章的通俗性问题。说到写文章，有句顺口溜一定要记牢："深入浅出是功夫，浅入浅出是庸俗。深入深出尤可为，浅入深出最可恶！"

三要流畅性。文章是写给人看的，写得流畅就容易看，就想往下看。文章写起来起码要通顺，再注意层层推进，略加润色，就可以达到基本的流畅了。

四要教育性。我们写的文章，多数是写给老师或学生看的，在写作时，要注意文章的教育性问题。好的文章，能给人激励，给人启悟，给人警醒，给人忠告。"文以载道""以文育人""以文化人"等，说的就是"文"具有的教育性。

怎样着手写一本书？简单地说，就是把握"七性"：框架性——构思一个框架；计划性——列一个计划；理论性——理论上的分析；实验（实践）性——实验（实践）的进行；层次性——按层次逐步展开；统一性——以统一格式成书；艺术性——写出你的文采。

# >>>08>> 从阶段发展到持续发展

所谓持续发展，是指教师的成长、进步与发展是一个前后衔接、彼此连续的终身的过程，而不是一时的或阶段性的发展。教师要根据主客观条件审慎地选择和确定自己终身的发展目标，为实现目标，不断学习，不断积累，补充能量，使自己具有不断发展、持续发展、终身发展的不竭动力。

教师的持续发展，是要有境界的。这里以教师的教育研究情况为例来说明。

中小学教师从事教育科研，既非高不可攀，也非轻松之事。

研究起步时，困难肯定是很多的，成果可能是粗浅的，你如何挺进；教育教学已耗去不少精力，研究更要"殚精竭虑"，你是否能"乐此不疲"；书要教好，班主任要当好，其他工作要做好，否则你的研究有可能被人误解；不是所有的学校领导都支持教师进行教育科研，当你所在的学校没有良好的研究环境时，你是否依然"走自己的路，让人去说吧"；当你的论文屡投不中时，当你的论文评不上奖时，你是反思改进还是"洗手不干"？

研究，没有境界和远见是不行的，但仅有境界和远见是不够的，研究还特别需要坚持。坚持非常重要，成功往往在再坚持一下的努力之后来到。方向对了，坚持下去，才能达到目标；方向对了，锲而不舍，离目标就越近。

我经常听一些老师这样说，想研究一个课题，也研究了一大半，可是在某个环节上一时"卡"住了，没能坚持下去，结果"半途而废"。

荀子说："骐骥一跃，不能十步，驽马十驾，功在不舍。"说的就是坚持。

坚持，是一种耐力，是以一种顽强不屈的精神去做一件自己想做的事，能否坚持下去，往往是卓越与平庸的分水岭，因为"在这个世界，没有什么比坚持对成功的意义更大"。

曾听一位资深教授讲座，他说了这样一段话："经研究表明，一个人想在某个领域有所成就需要七年的时间，如果一个人能活到88岁，那在25岁之后，我们有九次机会成为某个领域的专家。努力吧！老师们。"

绝大多数老师，在其所教学科的"年头"里，是有好多个"七年"的，我希望老师都能成为你所教学科领域的专家，争取在头一个"七年"里"初战告捷"，再持续发展，成为你所教学科领域里的"带头人"。

下面就我的"数学教育"持续，和老师们作个分享。

我到厦门一中担任校长后，就与数学没有"亲密接触"了。教了这么多年的书，"数学"就这么走了，我心有不甘。浓浓的数学情愫驱动着我经常去听数学课，课后和授课老师交流看法。数学组开会，只要有时间，我就去参加，和大家一起探讨数学教育教学问题。我和学校教务处有个不成文的约定，哪位数学老师请假不能上课了，我是教务处首选的代课教师，我可以从初一带到高三，可以上必修课、选修课和奥数课。有一回，一下带了半个月的课，让我又过了把"数学瘾"，和学生告别时，许多学生含着眼泪舍不得我走。哪个年段想请我作数学方面的讲座，我也是乐呵呵地答应。全国性的、省里的、市里的数学学术活动，只要行程不冲突，我都争取参加。

厦门市教育局开展特级教师教学观摩活动，要求每位在职特级教师至少开设一节观摩课，并制成光盘赠送给各校。时任教育局副局长的我，走向农村，第一个开设了观摩课。厦门的媒体以《特级教师任勇教学生"玩味"数学》为题报道了这次讲课活动。


10月13日上午，厦门市教育局副局长、特级教师任勇给翔安一中的初三、高三学生们带来了别开生面的两堂课：《数学思维品质训练》和《借题发挥》。课上，任老师运用了许多学生喜闻乐见的教学手段：剪纸、猜谜、玩扑克牌、做游戏等，使枯燥乏味的数字与字母顿时生动鲜活起来；深奥晦涩的数学题变得浅显易懂、妙趣横生。在温馨和谐的课堂氛围中，学生收获的不仅仅是几道数学题的答案，而是得到一题多解，一题多变，一题多用的学习窍门，形成深、巧、快、宽、新的数学思维品质，在"玩味"数学中享受到探索新知的无限乐趣。

任勇老师从容自若，游刃有余的儒雅教学风格；以人为本，因材施教的先进教学理念；举一反三，点石成金的高超教学艺术让参与观摩的 600 多名翔安区领导与教师们深深地震撼，引发了深刻的教学反思，获得了更多的教学启迪。


我到教育局 12 年，在圆满完成公务之余，在《数学通报》上发表了《期盼数学教育"气"象万千》，在《人民教育》上发表了《我教数学的"土"经验》等多篇数学论文；在大型学术会议上作了《数学教育的辩证之道》《追求价值的数学教育》等讲座；出版了文集——《追求数学教育的真谛》《激活数学教学的智慧》《探索数学解题的奥秘》《感受数学文化的意蕴》，出版了《精彩数学就在身边》《我的中学数学教学主张》《你能成为最好的数学教师》《数学教育的智慧和境界》等书；近期准备写《数学教育的灵性追求》《玩数学：好玩·玩好·玩转·玩味》等书。

不论当校长还是当副局长，我一直活跃在数学教育教学领域，这里有割舍不掉的数学情愫，但更多的是希望数学教师能够更快地成长起来，成为骨干教师、优秀教师。

# >>> 09 >> 从参与课改到深化课改

改革未必带来进步，但进步终究需要改革。课程改革一路走来，多数专家学者认为，课改的大方向应该肯定。广大教师积极参与课改，创新实践，打了一场课改攻坚战。回首来路，理清思绪，我们必须明白，由教育理想、教育激情走向教育实践的理性和自觉，是课程改革延伸的基本逻辑。

客观地说，课改是有成果的：在课程价值方面，人们更加重视创新精神、实践能力和社会责任感的培养；在教学方式方面，人们更加重视自主、合作、探究教学；在课程管理方面，人们更加重视学生个性，尊重学生对课程的选择权；在课程自主权方面，人们更加重视校本课程的建设。

但从目前的情况来看，减负问题、择校问题，区域教育均衡问题、高考改革问题等，似乎成为当前最需要破解的教育难题。课改之难直指两大领域：课程与教学。聚焦于课堂，变革于课堂，突围于课堂，课改步入"深水区"。"深水区"是基础教育课程改革的必经之地。

课改进入"深水区"，表明课程改革走向纵深发展，开始进入快车道，探索解决培养人的实质性问题。如果不在课堂上突破，不在质量上突破，那么教育发展都是空的、假的。课堂教学改革必须真正地以学生为主体，解放学生，让学生成为学习的主人。

"深水区"标志着一个新的战略转型机遇期。广大教师听到"深水区"，既有一种危机感、恐惧感，更有一种兴奋感、新鲜感。

教师如何从参与课改走向深化课改，在我看来，可以在"全课程"中"大有作为"，让核心素养悄然落地。

"全课程"，就是把一切有利于学生成长的资源都当作课程资源来开发和使用，更好地服务于学生的成长，而"全课程教育"就是把教育教学的每一项活动都视为课程，并像对待学科类课程一样去对待其他课程。

整个世界都是教室，所有活动都是课程。

全课程教育体系，一是构建必修课程、选修课程、活动课程、微型课程、潜在课程体系，使课改理念落地有了"载体"；二是在五类课程中，按课改的目标和要求实施，使课改理念落地有了"路径"。

第一，全课程中的必修课程。

必修课程有着独特的教育功能，与其他课程相比，优势有二：一是能使学生有效而经济地继承人类文化遗产，深刻地认识客观世界，并在一定程度上促进学生的个性发展；二是能帮助学生掌握生活技能和社会行为规范，加速人的社会化和现代化。

随着课程改革的不断深入，必修课程中将有部分课程发展为综合课程。科学知识的综合化趋势，分科课程带来的弊端，人的全面发展的教育目的，以及各种各样的理论问题和实际问题的解决，都要求设置综合课程。课程综合化，有助于保证课程结构的优化，有助于课程的现代化，有助于培养学生的整体认识能力和适应能力。我国中学可开设社会科学概论、自然科学概论和劳动技术教育等综合课程。

必修课程是落实课改理念的主渠道，脱离了这一主渠道，课改就会落空。

第二，全课程中的选修课程。

选修课程分必选课和任选课两类。必选课是指同一年级学生必须选择学习的课程，如"学习方法课""心理教育课""创造教育课""劳动教育课""环境教育课""中学生美学课"等。任选课是指学生可在教师的指导下，按照自己的兴趣、爱好决定选择修习与否的课，如"数学方法论""理科实验""计算机运用""哲学原理""文学作品选读""科技外语""人文地理"等。

选修课程的开设不应是必修课程的简单重复、延伸和补充，这样会失去选修课在培养学生素质、发展个性特长方面的功能。

第三，全课程中的活动课程。

活动课程的主要作用是适应学生个体的不同水平和发展的不同需要，培养学生的动脑、动手能力，发展学生兴趣爱好和个性特长，全面提高学生的素质。

活动课程的类型至少有品德类、学科类、文化类、科技类、艺术类、体育类、劳技类、综合类（如模拟联合国、学生电视台、太空城市设计等）。

活动课程作为全课程中的重要组成部分，既能促进学生的全面发展，又能适应个性差异，培养特长学生，还能促进学校形成特色，它在整个教育教学活动中发挥着重要的作用。

第四，全课程中的微型课程。

"微型课程"亦称"组件课程""单题课程"，是现代课程中的一种新形态，它与人们常说的"讲座"或"系列讲座"有相似之处。

微型课程具有短期性、专题性、灵活性、及时性、针对性等特点。

微型课程应注意知识性、科学性、实用性、教育性。如开设"漫话数学猜想""生活中的化学""人文与科学""机器人的发展现状与趋势""凡人成功启示录"等讲座。

第五，全课程中的潜在课程。

潜在课程，是指学校通过教育环境（包括物质的、文化的和社会关系结构的）有意或无意地传递给学生的非公开性教育经验，对学生发挥着有意或无意的影响。

潜在课程对学生的影响是深刻的，其价值就在于使学生在德、智、体、美、劳诸方面获得全面发展和个性的自由发展。潜在课程对学生的教育不是强迫灌输的，而是通过学校环境中的物质和精神文化的教育作用，在耳濡目染中，潜移默化地熏陶、感化学生，从而产生一种"随风潜入夜，润物细无声"的教育效果。

师者，要练就"一专多能"的本领，既要在必修课程中唱响"主旋律"，又要在其他课程中弹奏"交响乐"，把课改推向深处。

# >>> *10* >> 从实践探索到理论升华

经常听人这样说，中小学教师"实践有余理论不足"，这话多少反映了中小学教师的现状。我觉得，作为一名奔向"诗和远方"的教师，至少要把"实践有余"做成"有实践智慧"和"有创新实践"，把"理论不足"做成"有一定理论"和"有实用理论"。

先说"有实践智慧"。

教师的实践智慧是十分丰富的，优秀教师在注重积累的基础上，往往还特别注重积累自己和他人的教育实践智慧。同时，往往会灵活地加以激活、整合和运用这些实践智慧，从而生成新的实践智慧。

有学者认为，教师的实践智慧包括以下三个方面的含义：

一是教师对教育合理性的追求。从教育主导看，它要求教师在经验和公共教育理论之间有意识地建构合理的个人教育理论；从教育过程看，它要求教师把课程文本当作师生进行"理解"的引子，在师生已有理解的基础上建构共有知识；从教育评价看，它要求教师对学生进行基于形成性评价的终结性评价。

二是教师对当下教育情境的感知、辨别与顿悟。教师打破了对教育常规的过分依赖，在教育教学中有了"自己的视角"；教师树立了在教育情境中的反思意识，"想清楚了再做"；教师确立了更具弹性的新教育常规，"心有常规，不唯常规"。

三是教师对教育道德品性的彰显。在目的维度方面，教师要消解认知主义，注重学生在德、智、体和知、情、行方面的共生共长；在关系维度方面，教师要在课堂教学和主题活动中发展互动意义的师生关系。

次说"有创新实践"。

一是在观念上创新。教师必须从"被动服从"型向创新型发展，"礼让风格"型向竞争型发展，"唯书唯上"型向"教学反思"型发展，"独自教学"型向"对话教学"型发展，"单纯教学"型向"教研结合"型发展。我们要相信每个教师都有创新的潜能，而不是个别教师的专利。

二是在教学策略上创新。由重知识的传授向重学生发展转变，由重结果向重过程转变。学生用什么样的方法获得知识？是死记硬背，还是大量做题训练。无论是哪种方法学会的，从试卷上看到的结果都是一样的。但是由于获得知识的过程和方法不一样，获得的情感体验不一样，导致了学生真正意义上的收获不一样，这对学生终身发展的影响也会大不一样。

三是在教学方式上的创新。传统教学是以教定学，让学生配合教师教，我讲你听，先教后学，我问你答，我写你抄，教多少，学多少，怎么教，怎么学，不教不学，这种单纯的灌输与接受的方式完全扼杀了学生的个性和创造性。新课程中，教师考虑的是学生怎样"学"，"教"为"学"服务。

四是在师生关系上创新。长期以来，教师不仅是教学过程的控制者，教学活动的组织者，教学内容的制定者，学生学习成绩的评判者，而且是绝对的权威。新课程中，课堂是学生自主学习、合作学习的地方，课堂是师生情感交流、信息交流的地方，课堂是师生共同质疑、释疑、生疑的地方，课堂是学生个体表现、体验成功的地方，课堂是师生共同感悟做人道理的地方。

五是在自身能力上创新。新课程强调课程的整合和开放性的教学。教师要能说会画，能唱会跳，能书会演。对教材不仅会用，还要会编，具有研究能力，会操作多媒体制作课件，使用电脑，利用网上信息，查阅有关资料，并有处理信息的能力。在知识结构上，理科教师要学一点人文科学知识，文科教师要学一点自然科学知识，成为综合型的教师。

再说"有一定理论"和"有实用理论"。

教育教学研究离不开理论的指导，而这正是中小学教师的不足之处。教师若没有行之有效的教育理论作指导，是很难"步入高境"的。因此，教师应自觉学习心理学、教育学等知识，提高自身的研究素质。尤其是课程改革背景下，教师所进行的校本学习，就是一条教师提高研究素质的有效途径。

理解和把握教育教学的真谛，确立新的教育教学观念，需要一个不断将外在的教育教学理论内化的过程，教育教学实践中反映出来的问题只有上升到理论层面才能"知其所以然"。教育理论的学习，可以改变教师的教育图景，可以引导教师的思维方式，可以引领教师的价值取向。

相对于鲜活、生动的教育实践，教育理论是"灰色"的。然而教育理论的本质诉求是实践性，其实践功能的现实化进程一般要经过理论的具体化、理论的个体化和理论的行动化三个阶段。广大教师要在这三个阶段中积极而为。

当然，中小学教师的理论学习，一是要注意与自身的教育教学实践相结合，先进的理论一旦和生动的实践结合起来，就能产生意想不到的新的整体效应；二是在理论学习时应对各种新观点和现象保持开放的心态，把自己现有的教育教学理念与之比较，"比"出符合教育本真本原的教育之道。

让教育实践焕发出生命的活力，让教育理论之树常青，师者"两手都要硬"。

# >>> *11* >> 从混沌状态到教有主张

基于教师自身的个性特质提炼自己的教学主张，进而形成独特的教学风格和教学思想，成长为富有个性的教学名师，这是教师专业成长的必由之路。实践表明，教学主张是教师教学的独特视角，是教师形成教学风格和教学思想的基石。可以说，教学主张是推进教师从平凡走向优秀，从优秀走向卓越，从而实现自我超越的专业生长点。

普通教师要不要有"教学主张"？特级教师李吉林说："小学教师，如果有自己的思想和教育主张，那么，他就可以大言不惭地说，他是一个思想者。"李老师的话告诉我们，普通教师也应有自己的教学主张。从这个角度上说，名师更应是"有教学主张"的教师。

李竹平先生写过一篇文章《教师没有自己的教学主张是十分可怕的》，文中有这样一段文字：一线教师——教师在一线，更在前线——直接面对学生，肩负启蒙的重任，如果没有自己的教学主张，何以启蒙？何以成人？我们知道，并非与众不同、另辟蹊径的教学思想和主张才是"自己的"思想和主张，"自己的"思想不是胡思乱想，"自己的"主张也不是乱放厥词，而是在经历了吸纳、判断、甄别、实践、反思的基础上形成的对教育教学的自我理解，进而内化为自己所秉持的教育教学理念。无论是知识教学还是思想启蒙，都呼唤有思想有主张的教师，没有自己的思想和主张的教师是无法胜任的。

余文森教授认为，中小学名师的教学理论研究就是对自己教学主张的理论论证，它要求教师暂时搁置自己的实践和经验，在理论的高度和轨迹上进行系统、抽象的论证和阐明，从而把自己的教学主张阐明得深刻、清楚、丰富，有逻辑性、有思想性。这个过程对一线的老师而言是个巨大的挑战，但是名师必须接受这个挑战，并在这个挑战中实现自我突破、自我超越、自我提升，这样才能从普通教师走向教育家。

这些观点鲜明的文字，再次让我们认识到：名师是不能没有主张的。

教学主张是名师"教育自觉"的关键性标志。名师应当是思想者，是"反思性实践家"。思想者、反思性实践家存在的价值之一，就在于思想，而教学主张正是在对教育教学深刻思考后所形成的一种见解、一种思想，不仅表达了情感上对事业、对学生热爱的自愿，也表达了理智上的自觉。这种自愿与自觉，正是对理想教育的追求，表现为教育自觉和自由。具有教育自觉的教师才会有追求，也才会有行动；有理念，理念才会逐步成为信念；有实践，实践才会逐步成为实验。可以说，教学主张是从教育自觉的根上长出来的鲜亮的绿叶。一个缺乏教育自觉的教师，很难成长为优秀教师。

成尚荣先生强调，名师应当有也必须有自己的教学主张。他认为，教学主张是名师产生和保持影响力的重要原因，是具有影响力的名师与一般名师的显著区别；教学主张是一种个性化的教学见解，它坚定地指向教学改革的实践；教学主张植根于教育思想，是教育理念的深化与聚焦；教学主张是对学科和教学特质深度开发后的独到见解；教学主张坚定地指向实践，但又是实践经验的理性概括和提炼；保持教学主张与教改实验互动的张力，使教学主张成为一种现实。

普通教师要形成自己的教学主张，主要有两条路径：一是实践路径，在教学实践中萌生自己的教学主张，借助理论学习，边做边学，边实践边研究，不断改进和完善，形成自己独特的教学思想和教学方法；二是理论路径，通过开展课题研究，提出自己的教学假说，借助先进理论和大量的实验验证，完善和发展自己的教学主张，进而形成自己的教学思想和教学方法。无论是实践路径和理论路径，都强调理论与实践的结合，注重教学主张的创新性和实效性。

说到具体的教学主张，提到李吉林，我们自然而然会想到她的情境教学，而讲起王崧舟，我们就会不由自主想起他的诗意语文，还有邱学华的尝试教学、孙双金的情智教学、张思明的数学课题学习等。

数学学科还有"简约数学""文化数学""美妙数学""数学微写作""灵性数学""从数学好玩到玩好数学""诗意数学"等；语文学科还有"童韵语文""真语文""绿色语文""文化语文""理性语文""魅力语文""自主语文"等。

其实，教学主张的最大价值在于它的寻求过程，在寻求教学主张的过程中，教师必然会形成主动学习、主动实践、主动反思内化的意识与能力，在这一过程中会不断促使教师从教学经验走向教学理论、从教学思考走向教学思想。

余文森教授说，教学主张——教师打开专业成长的"天眼"。

愿有更多的教师及时打开这个专业成长的"天眼"，成为有教学主张的教师，成为有教育思想的名师。

## >>> *12* >> 从素质全面到特色凸显

　　一个优秀的教师，应是一个全面发展的教师。全面发展，是指教师自身所蕴含的全部潜能的多方面的发展。教师的全面发展，是促进学生健康成长的良好基础。要成为一个有魅力的优秀教师，教师还必须努力成为有特色的教师。

　　当今时代，作为教师如果仅仅是某一学科的教学专家，已不能适应教育教学需要，而必须是理论和实践、教学与生活结合起来的"全能型教师"和"完整型教师"。

　　具体地说，"全能型教师"是指既会教学，又懂教育，也能进行科研的教师。至于什么是"完整型教师"，不同的国家有不同的看法。苏联认为"完整型教师"是指完整的、和谐发展的、有学问有教养的全面发展的教师。日本对"完整型教师"的要求侧重于职业道德方面，认为"完整型教师"应把工作看成是生活不可缺少的部分，对教师事业应具有献身精神。美国认为"完整型教师"既是学者、教学者、交往者，又是决策者。尽管各国对"完整型教师"的理解有所不同，但要求教师在知识、能力、品德等方面全面发展则是共同的。

　　教师的"全面发展"，宏观而言：政治思想上——为了民族的复兴，为了学生的发展；道德人格上——师德高尚，行为世范；智慧能力上——聪明颖悟，敏锐机智；文化知识上——科学与人文并重，广博与精深共融；身心素质上——体格健壮，开朗乐观。

　　教师的"全面发展"，中观而言：作为一个现代教师，应该具备哪些基本素质呢？归纳一下，至少要有十点：身心健康，完美的人格态度；忠于教育，正确的价值取向；育人为本，良好的职业操守；学高身正，高尚的品德言行；一专多能，多元的知识结构；精通业务，娴熟的教学艺术；学以致用，较强的工作能力；广博精深，深厚的文化素养；与时俱进，先进的教育观念；积极进取，执着的创新精神。

教师的"全面发展"，微观而言：就是教师的学科专业素养要"全面"。

教师的全面发展不是平衡发展，也不排斥个性发展，优秀教师还要努力使自己成为有特色的教师。

我不止一次地听到一些学生在回忆他们当年的数学老师时这样说："我们的数学老师，画任何图形都不用三角板和圆规，胳膊一抡，就是一个蛮标准的圆，信手一拉，就是一条直线，在坐标轴上一画，就是一条抛物线。"学生听老师的数学课，就是一次作图欣赏。

这就是这个数学教师的"绝活"。我不清楚这个老师其他方面的情况如何，但仅凭学生对老师"绝活"的钦佩程度来看，至少老师的"绝活"已给这些学生留下了"不可磨灭"的印象。

每个教师若都能修炼一手属于自己的绝活，该有多好！

教师的绝活，多与教师所教的学科有关。

比如，语文老师诵功——对古诗词的吟诵，书功——写出一手好字体，写功——写出一篇篇美文，若还能成为灯谜、对联之类的专家，则更是妙不可言。

数学老师的算功——复杂算式的计算能力，画功——信手画出各种几何图形，妙解之功——对问题的一题多解，善变之功——对问题的一题多变，若还能成为趣味数学的专家，就能成为更受学生欢迎的老师。

教师的绝活，也可以与所教学科无关。

与教师专业无关的知识或能力，我们常常称之为"副业"。魅力教师不仅要专业发展，还要在专业发展中略修"副业"。学生对教师专业之外的"副业"往往充满好奇，教师的"副业"也往往成为学生喜欢这个教师的理由。

当数学老师用诗歌来描述数学现象时，当语文老师以理性的视角来阐述某个科学之谜时，当体育老师随手画出生动有趣的漫画时，当英语老师用多种泳姿劈波斩浪时……带给学生的是什么？

叶澜教授说："教师需要有自己独特而富有整体性的高标准的专业修养，其中包括关于教育理念、结构和内容都具有特殊性的知识和技能以及含有交往、管理等多种从事教育所必需的工作能力和创造能力。唯其如此，我们才会承认教师职业是一种真正的专业。"

叶澜教授强调"教师需要有自己独特而富有整体性的高标准的专业修养"，叶教授的这个"强调"，说的就是"全而有特"。

"全而有特"固然是名师成功的重要因素，但"特色"还必须与特定的校情、教情、学情等因素结合起来才能发挥积极的作用，才能促进教师成功发展。

"特色"的形成，既包含先天的自然属性，更富有社会性，它受到了教师的家庭生活条件、学校教育、社会文化等多种因素的影响，但最根本、最关键的是教师主体的自我意识。

师者因"全"而厚实，师者因"特"而精彩。让我们做一名"全而有特"的新型教师。

**从追求卓越到享受幸福**

　　"崇尚一流，追求卓越"，这是优秀教师的发展之道，也是教育走向更好的愿景，但在教育在某些方面被异化的今天，一些教师在追求"优秀""卓越"的路上，忽视了对教育良知的坚守、忽视了对教育本真的遵循，把有温度的教育变得冰冷。为了"优秀""卓越"，本该有的教育幸福便不知不觉离我们远去了。这样的"优秀""卓越"，又有什么意义呢？师者，要优秀，要卓越，更要幸福。

　　人生是为幸福而来的。

　　幸福是什么？幸福是一种存在方式，幸福是一种内心选择，幸福是一种不懈追求，幸福是一种自我感受，幸福是一种高远境界……

　　我们在搜索"幸福是什么"时，还会得到更多的答案。在这众多的答案里，我们更多地看到了"过于强调最终结果"的答案，似乎今天的辛苦，就是为了明天的幸福。

　　我们在搜索"卓越"时，得到的说法是："卓越不是一个标准，而是一种境界。它不是优秀，而是优秀中的最优。卓越是一种追求，它在于将自身的优势、能力以及所能使用的资源发挥到极致的一种状态。"说得好，卓越是一种追求！但我们继续搜索下去，就会看到许多"过于强调起点"的答案，似乎未来的卓越必须建立在今天的"痛苦"上，必须用今天的牺牲和汗水来换取。

　　"卓越"为什么不能建立在"幸福"的追求之中呢？

　　说到幸福，我很欣赏这样一种说法："幸福，与其说是目标，不如说是个过程；与其努力去寻求，不如用心去品味；与其从他人那里去哀求，不如自己去创造。"

说到卓越与幸福，李镇西更坚信："幸福比卓越更重要。"因为能够达到卓越境界的永远只是少数，幸福却属于每一个人；卓越与否更多的是别人的评价，而幸福与否全在自己的感觉。可以暂时不"卓越"，但一定要随时从职业本身获得幸福。

当前教育的现实让我们不得不思考教育的终极目的是什么？

追溯教育的产生历史和发展足迹，我们可以得出这样一个结论：教育是以人的生活为目的，探寻人类的生理、心理、社会的发展轨迹；幸福是人生的主题，人的生活以幸福为目的。由此，教育以人的生活为目的，人的生活以幸福为目的，教育最终以人的幸福为目的。从根本意义上来说，教育就是以人为本，关注人的幸福，培养人的幸福能力：感受幸福、创造幸福、享受幸福的能力，指导人们过幸福的生活。

乌申斯基说："教育的主要目的在于使学生获得幸福，不能为任何不相干的利益而牺牲这种幸福，这一点是毋庸置疑的。"

苏霍姆林斯基说："在教学大纲和教科书中，规定了给予学生各种知识，但却没有给予学生最重要的东西，这就是——幸福。理想的教育是：培养真正的人，让每一个从自己手里培养出来的人都能幸福地度过一生。这就是教育应该追求的恒久性、终级性价值。"

1990年通过的《世界全民教育宣言》宣称："教育是人的权利，教育应该造福于人，使人幸福。幸福不仅是教育的最终目的，它同时也贯穿于整个教育过程。"

基于上述的认识，这几年来，越来越多的学校和老师研究幸福教育，践行幸福教育。关于教育与幸福的书出版了不少，关于教育与幸福的文章就更多了。

即便如此，纵观我们今天的教育和学生的学习，更多的是"勤奋、刻苦"下的负重学习；学生的生活，更多的是一种"苦行僧"般的生活。我们不禁要问：我们的教育幸福吗？教育的幸福在哪里？教育为什么必须幸福？我们能为教育的幸福做些什么？

一些老师在思考，在探索，也在行动。

张万祥老师说："教育的本质是创造幸福，是创造社会的幸福，更是创造个人的幸福，是引导或者教给人们怎样感受幸福、创造幸福。幸福是一切教育活动的'灯塔'。"

田恒平老师说："教育，可以帮助人们形成健康的心理品质和积极的价值观；教育，可以提高一个人的精神境界和追求层次；教育，可以帮助人们懂得幸福的真意，掌握享受幸福的途径和方法，从而让人们跳出奢华物质享受的低俗状态，形成一种正确的人生价值取向和享受健康幸福的能力，追求一种更为高尚的幸福生活。"

说到教师的职业幸福感，我建议大家至少读这几本书：《教育与幸福生活》（王君著，福建教育出版社出版）、《幸福教师五项修炼》（谢云著，华东师范大学出版社出版）、《教师的幸福资本》（雷玲编著，华东师范大学出版社出版）、《幸福比优秀更重要》（李镇西著，华东师范大学出版社出版）、《做一个卓越而幸福的教育者》（汤勇著，教育科学出版社出版）、《做一名幸福的教师》（华阳编著，新华出版社出版）。

有读者这样写道：《教育与幸福生活》展示了王君老师普通而鲜活的生命在讲坛上欢快流淌的情景。上课，备课，谈心，读书，反思，写作……有欢笑、有泪水、有豪迈、有细腻……一切都是那么平淡，但决不平庸。她把自己的生命从容不迫地融进了课堂，更融进了学生的生命。学生的生命在此获得了生长的力量，王君老师诠释的教育真的是幸福而快乐的。

《做一名幸福的教师》的作者在前言中这样说：做一名幸福的教师其实很简单，与物质无关，与地位无关，与别人无关。把浮躁和虚荣逐出内心，把阳光和雨露迎进来。做好自己的工作，尽到自己的职责，幸福就在你身边。

教育之舟名叫"幸福号"，愿有更多的老师登上"幸福号"的教育之舟，成全学生的幸福人生。师者，积极修炼你的专业幸福力，是时候了。

# >>> *14* >> 从积极工作到健康工作

《中国教师缺什么》一书把中国教师"缺健康"列入其中，在这一章节的标题下有这么一段文字："当前的中小学教师队伍让我们担忧——不是他们缺乏敬业精神，也不是他们缺乏专业修养，而是他们的生存状态。"的确，许多教师存在健康问题，不少教师存在心理问题。

朱永新教授的《我的教育理想》，是我近年所读的最好的教育著作之一，是一部融理性、激情和教育哲学于一体的具有创新精神的力作。教育的理念融入了诗的语言，追求理想的激情弥漫在铿锵的旋律里，内在的哲学思辨流淌于动人的呼唤中。

《我心目中的理想教师》共有九个"应该"，我把这九个"应该"打印出来，贴在办公桌前，可以不时地提醒自己。

我心目中的理想教师：应该是一个胸怀理想，充满激情和诗意的教师；应该是一个自信、自强，不断挑战自我的教师；应该是一个善于合作、具有人格魅力的教师；应该是一个非常尊重他的同事，非常尊重他的领导，非常善于调动帮助他成长的各方面因素的教师；应该是一个充满爱心、受学生尊敬的教师；应该是一个追求卓越、富有创新精神的教师；应该是一个勤于学习、不断充实自我的教师；应该是一个关注人类命运，具有社会责任感的教师；应该是一个坚韧、刚强，不向挫折弯腰的教师。

一日，我从医务室了解到前不久学校例行组织老师体检，发现不少老师有这种或那种毛病，我希望工会能组织老师们积极锻炼身体，同时广大老师也应树立"健康第一"的理念，自觉锻炼身体。我忽然想到可以借朱永新教授"理想的教师"中的"应该"来提醒和教育一中的老师，于是我立刻回到办公室，在九个"应该"中查找。

我找到了吗？我认真看了好几遍，还别说，真没找到，真有点遗憾。当时我就想，再加一个"应该"——应该是一个积极锻炼身体、注意调节情绪、身心健康的教师，那就"十全十美"了。

教师的健康是学生能够顺利健康成长的前提和保证，教师身心健康都失去了保证，学生的健康全面发展又从何谈起？事业的基础是健康的身体。身体好是工作好的基础，是学习好的前提，是每个优秀教师必须明白的人生道理。有着健康的丰姿和活力的教师，才可以在无法到达的境界里，给学生超越课堂之外的美的教育。师者谨记，你的健康属于自己，也属于教育。

健康是生命之核心，幸福之基础。有人说，健康是一，事业是零，有了健康的一，零才有意义和价值；有了高质量的一，零越多，意义才越大，价值才更高。这是很有道理的。

健康是一个人最基本的财富，养成体育锻炼的习惯，坚持体育锻炼，注意心理调适，是获得这种财富的有效途径。我希望，每个教师都能牢固地树立"健康第一"的思想。因为健康是你的权利，是你的尊严，也是你的财富。追求健康，就是追求文明进步。我希望，每个教师努力做到"每天锻炼一小时，健康工作五十年，幸福生活一辈子"。

教师要更好地工作，就一定要树立"健康第一"的思想，要积极工作，更要健康工作。教师是学生成长的"重要他人"，不是"铁人"，也不是神，教师当有自己的生命价值和需要。工作重要，健康更重要，不要因为工作而忽视了健康，也不要因为健康而忽视了工作。为此，每一个教师必须摆正自己的心态，把工作和健康放在同等重要的地位，以重视工作的心态去关心自己的健康，只有这样才能更好地工作，否则如果没有健康的身体，即使有满腔的热情，也是鞭长莫及。

这里有必要推荐《教师一定要知道的 99 个健康细节》这本书，在推介这本书时，作者写了如下一段话：

　　对于每个人来说，从顽皮稚童到青涩少年再到风华青年，除了父母之外，教师便是我们最值得尊重和感恩的人。他们肩负着"传道、授业、解惑"的育人重任，他们为培养下一代不辞劳苦，默默奉献。

　　然而，和其他劳动岗位一样，教师职业也给教师们的身心健康带来了很大的隐患。平日里，对于一些小病小灾，老师们总是一拖再拖，不愿到医院寻医问诊；即便生病时，稍微感觉好了就立即停药，甚至还认为，无病就是健康，日常的养生保健是年老时的功课；心理郁结时，也从未想到这也是病，需要好好疏导，及时治疗。"千里之堤，溃于蚁穴""天下大事，必作于细"，健康亦如此，细节决定健康，细节决定生活品质。教师的幸福人生始于对健康细节的关注。教师的健康与否，直接、间接地影响整个社会和民族的发展，关系到中华文明的明天！帮助教师们注重健康细节并树立良好的健康习惯，打造健康的人生，我们责无旁贷。

　　在编写本书的过程中，我们作了大量的调查研究，收集整理了众多信息资料，从教师的工作、学习和生活中最容易被忽视的健康细节入手，有针对性地从教师的心理、疾病、交往、养生、运动、仪表、饮食和环境八个方面，科学、具体、全面、通俗地讲解了教师健康方面的知识，并用一线教师"现身说法""传经送宝"的方式，讲述了与日常生活密切相关的健康问题，力求给教师们通俗、具体的忠告。书中语言凝练，内容新颖、生动，可读性强。为你的健康打开了多扇窗，提出了多种保健方案，是美丽你一生的健康细节小百科。

　　师者的健康管理，至少可以从读这本书开始。做一名有健康感的教师，我们共同努力！

　　未来已来，已经悄悄来了；将至已至，已经渐渐至了。不管你信不信，面对新一轮教育信息化的浪潮和新的教育理念的影响，一场教育变革正在上演，我们准备好了么？

　　其实，这里有两个课题：一个是"当下工作"的"未来前瞻"；一个是"未来教育"的"当下使命"。

　　先说"当下工作"的"未来前瞻"。

　　我们在努力按当下的教育理念做好教育工作的同时，不能"埋头拉车不看路"，应该积极探究未来教育可能发生的许多改变，这样就可以在一定程度上逼近"指向未来"的路。

　　未来教育的可能趋势有哪些？

　　智能化趋势。科技发展让"人工智能"呼啸而来。教育信息化背景，网络学习空间，智慧校园建设，必将营创出教学设计智能化、课堂教学智能化、学生学习智能化、教育评价智能化、学校管理智能化。因"智能"而生的未来教室、未来课堂、教育资源共享云平台等不断涌现。

　　科学化趋势。建立在教育大数据基础上的未来教育，必将在教育和教学方面强化"科学"背景，教材编写科学化，教学设计科学化，教学实施科学化，学习方法科学化，教学评价科学化；更加注重教育科学研究，加强具有教育实验的教育课题研究；更加科学的教师培训、家庭教育等也呼之而出。

　　人文化趋势。李政道先生曾说："科学和人文是一个硬币的两面，而这个硬币就是文化。"当科技发展日新月异时，人们发现没有人文的融合是不行的。未来教育，不能不关心人类，不能不关心社会，不能不关心未来。培养学生的科学创新精神和人文关怀精神，缺一不可。

综合化趋势。未来教育，既高度分化又高度综合。教育体制机制可以综合（如普教职教融通），教育内容可以综合（如综合课程的设置），教育方法可以综合（如基于学情、教情的教育方法的有效配合、组合和融合，达成最佳教育），学校教育、家庭教育和社区教育可以综合。

心理化趋势。未来学生是诸多矛盾的统一体，未来教育要关注学生内心的世界，特别应针对学生充满困惑和矛盾的心理特征，寻求"破解之策"。远离"育心"的教育，我们会觉得"工作茫然"；深入"育心"的世界，我们会觉得许多难题"迎刃而解"。

国际化趋势。站在世界的高度看教育，将中国教育融入世界大教育之中，也让国际教育进入中国教育视野；要学习、引进和吸纳国际优秀教育理念，使之与中国的教育融合起来，也要向世界宣传中国教育，让中国教育走向世界；要培养学生具有"世界眼光"，更要培养学生的"中国心灵"。

个性化趋势。"共性"的教育是必要的，但"个性"是教育的灵魂。学生的个性就像"世上没有完全相同的两片树叶"一样，既给教育工作提出了挑战，也为教育创新提供了广阔的探索空间。让学生"各造其极"，发现和发展学生的独特性，应是未来教育十分关注的一个领域。

开放化趋势。这是一个开放的时代，开放的社会呼唤开放的教育。"圈养"不利于学生的成长，让学生接触社会、了解社会、认识社会，进而立志改造社会，促进社会发展，才能"让世界更美好！"。以开阔的视野、开放的胸襟、开明的思维"把学校打开"，必成趋势。

趣味化趋势。新媒体的快速崛起，不断将学习内容做成"动画""游戏"或"仿真"的形式，比如 AR、VR 技术等，这些"新境"的趣味性、故事性和游戏的互动性，对学生具有极大的吸引力。趣味教育与教育趣味，在新时代被赋予了新的内涵和更大的创新空间。

民主化趋势。课改一路走来，大方向应该肯定。改革背后的深意，在于授予人们更大的课程自主权，也就是"课程民主"。类比开来，民主化趋势将在未来教育中更多地呈现：要求教育处理好公平与效率的关系，培养师生的民主意识与民主精神，更多地让师生参与学校管理等。

因此，今日之教师要积极面对未来教育的"变与不变"，提升自身的持续学习力，逐步转变角色定位，走向教育的设计者、学习的指导者和学生的帮助者，教学相长，师生共进。

当然，这种"当下"的行动，往往是"渐进"的。时代呼唤微创新，聚小方能成大。具有"未来前瞻"的教育微变革，就能达成"累寸不已，遂成丈匹"之效。

再说"未来教育"的"当下使命"。

"未来教育"正成为近年来教育界讨论的一个热点，人类正在从超越"现代教育"中走向"未来教育"。"未来已来"告诉我们，未来教育不在未来，而在当下，今天正在发生的每一个超越现代教育特征的教育变革，正是内涵发展的持续。学校要持续内涵发展，既要"面向未来"去构建，营谋一种未来教育的文化，探索一套适应未来的管理，引领一支胜任未来的团队，营造一所未来学校的样态，也要"聚焦当下"去超越，超越教室，超越学科，超越教材。尤其要关注互联网背景下的教育变革，广大教师不能等待，不能围观，更不能抵制，要积极践行，且行且悟，优化完善。

其一，未来教育新特质：高度开放与"私人订制"。我们要积极营谋好如何实现"互联网＋"背景下的"面向个体的教育"，构建品质求"高"、内容求"丰"、体系求"佳"、运行求"活"、整合求"统"的课程体系，把学校打开、把教室打开、把课堂打开，做真正意义上的开放的教育。

其二，学校教育新景观：平台化、创客化与个性化。我们要学会运用信息化平台的优势，善于运用大数据分析，尊重学生的差异，发现和发展学生的潜能。在"世界这个大教室"里，学习随时都可以进行。

其三，学生发展新生态：自主、可持续与终身发展。我们要认识到我们即将步入"学生决定教育""学生自主发展"的时代，我们的教育要努力使学生的天赋和才能得到充分挖掘，让学生成为可持续发展的和终身发展的人。

其四，未来学习的新样态：平等、开放与师生共学。未来获取知识的通道变得平等而开放，教师与学生常常以相同"学习者"的身份出现，教师当下要修炼自己的持续学习力和"新学养"，"新学养"意味着教师可以和学生共探，可以表达自己的观点，也可以坦言自己的未知，甚至虚心向学生请教。

其五，教师挑战新基调：使命、功能与生活方式。教师单向传授的"使命"将被师生的双向交流、多向交流替代，教师原有的许多"功能"将被人工智能取代，教师将步入更具挑战的复杂性的、情感性的、艺术性的、创新性的教学，终身学习将成为教师的基本生活方式。

"谋好未来"先要"做好当下"，具有"预见未来"的教师的"当下行动"，"道路"正确，其行必远。

**图书在版编目（CIP）数据**

觉者为师：好教师成长之新境／任勇著 .—上海：华东师范大学出版社，2019
ISBN 978-7-5675-9069-4

Ⅰ.①觉 ... Ⅱ.①任 ... Ⅲ.①师资培养—研究 Ⅳ.① G451.2

中国版本图书馆 CIP 数据核字（2019）第 060419 号

大夏书系·教师专业发展

# 觉者为师
## ——好教师成长之新境

| | |
|---|---|
| **著 者** | 任 勇 |
| **策划编辑** | 朱永通 |
| **审读编辑** | 任媛媛 |
| **封面设计** | 奇文云海·设计顾问 |

| | |
|---|---|
| **出版发行** | 华东师范大学出版社 |
| **社 址** | 上海市中山北路 3663 号 邮编 200062 |
| **网 址** | www.ecnupress.com.cn |
| **电 话** | 021 - 60821666 行政传真 021 - 62572105 |
| **客服电话** | 021 - 62865537 |
| **邮购电话** | 021 - 62869887 地址 上海市中山北路 3663 号华东师范大学校内先锋路口 |
| **网 店** | http : //hdsdcbs.tmall.com |

| | |
|---|---|
| **印 刷 者** | 北京季蜂印刷有限公司 |
| **开 本** | 700×1000 16 开 |
| **插 页** | 1 |
| **印 张** | 13 |
| **字 数** | 192 千字 |
| **版 次** | 2019 年 6 月第一版 |
| **印 次** | 2022 年 9 月第十次 |
| **印 数** | 37 101 - 40 100 |
| **书 号** | ISBN 978 - 7 - 5675 - 9069 - 4/G · 12002 |
| **定 价** | 45.00 元 |

| | |
|---|---|
| **出 版 人** | 王 焰 |

（如发现本版图书有印订质量问题，请寄回本社市场部调换或电话 021-62865537 联系）